日本語で **PEACE**

CLIL 実践ガイド

奥野由紀子［編著］

小林明子
佐藤礼子
元田 静
渡部倫子
［著］

JN118760

にほんごの 凡人社
BONJINSHA

はじめに

　本書は内容言語統合型学習（CLIL：Content and Language Integrated Learning）のアプローチに基づいたテキスト『日本語×世界の課題を学ぶ　日本語で PEACE［Poverty 中上級］』（以下、『日本語で PEACE　P巻』）の教師用ガイドブックです。言語教育では、目標言語での十分なインプットやアウトプット、自然なインタラクションが重要とされていますが、CLIL は、教室内でそのような状況を作り出しやすい上、使い勝手のよいフレームワークを用いているため、非常に柔軟で多様なやり方が可能であり、どの教育現場においても応用、実践しやすいのが特徴です。一方、内容と言語を統合し、思考を深め、協学や異文化理解を進めながら、どのように実践すればよいのかよくわからないという声も少なくありません。そこで、テキスト『日本語で PEACE　P巻』を使って、CLIL を実践する際の教師の方々へのスキャフォールディング（足場かけ）になればと、本書『日本語で PEACE　CLIL 実践ガイド』を執筆することにしました。

　CLIL のアプローチで教えてみたいと思うものの、内容について教師側に専門的な知識がなければ教えられないという思い込みが、実践への一歩を踏み出すことをためらわせる一因になっていることも多いようです。CLIL では、教師も共に学んでいく、教師も知らないことを一緒に知っていく、教師も学習者から教えてもらう、という教師側の教育観の転換がまずは必要でしょう。教師は目の前の学習者に合わせて、内容と言語のバランスをとりながら、学習者の思考力を高め、対話が生まれる協学の場をつくり、スキャフォールディングを行っていくという役割を果たすことが重要です。

　また、内容面に意識を向けると、言語面での学びをどう捉えていけばよいのかわからなくなるという声もよく聞きます。CLIL はいわゆる文型を教えるアプローチではないので、文型中心で教えてきた教師が不安に思うのも当然です。CLIL では、内容を通して学習者が考えたことを表現していく過程で、知っていても使えない表現が使えるようになり、さらに、このように言うとより伝わるというフィードバックを受けたり、他の学習者が話しているのを聞いたりすることで、新しい表現や語彙を取り入れ、意味や文脈と共に定着が図られます。このような方法は、第二言語習得研究においてもその意義が認められているところです。教師も学習者も内容にフォーカスしながらも言語面にもモニターを働かせているので頭はフル回転ですが、その分大きな学びが得られると言ってよいでしょう。

　本書では、『日本語で PEACE　P巻』を実践するにあたり、ヒントになるような実践者の内省（つぶやき）や、学習者の発話例、学習者からのコメント、言語面のサポート例などをできるだけ具体的に示しました。テキスト『日本語で PEACE　P巻』を使って授業をしてみたいと思われた先生方はもちろん、テキストとは異なる内容を取り上げる場合や、CLIL を用いた教育実習を行う際にも役に立つと思われます。『日本語で PEACE　CLIL 実践ガイド』を手に、ぜひ、平和を目指すことばの教育実践を一緒にしてみませんか。

2022 年　春　大変な状況下にある人々に思いをよせて

奥野由紀子

もくじ

第 1 部　『日本語で PEACE』って？

第 2 部　各ユニットの手引き

巻末資料

第**1**部

『日本語で PEACE』って？

「PEACE」とは

　以下は広島大学名誉教授、縫部義憲先生が 2017 年に『日本語×世界の課題を学ぶ　日本語で PEACE［Poverty 中上級］』（以下、『日本語で PEACE　P 巻』と略します）のために書いてくださった巻頭言です。著者らは「PEACE」というコンセプトに基づいた CLIL の実践を行ってきましたが、これは、日本語教育を通して世界の平和について学ぶことの大切さを教えてくださった縫部先生のお考えがもとになっています。残念ながら縫部先生は刊行を待たずに、2019 年 12 月にご逝去されました。縫部先生からいただいたほぼそのままの形で掲載させていただきます。

刊行に寄せて

広島大学名誉教授
縫部義憲

　私は以前、国際交流基金の派遣によってニュージーランド教育省で日本語教育アドバイザーを務めたことがあります。私の主な仕事は、第 1 に日本語シラバス（トピックシラバス）に基づいて教材を作成し、日本語を教えている高校に送ること、第 2 に現地の日本語教師の研修を行うこと、第 3 に学校訪問し、授業を見学してアドバイスすること、などでした。その中でもとりわけ日本語教材作成に苦労しました。

　この国の人たちはエコ意識が大変強く、日本語学習者（高校生）もエコ問題には関心が高いはずだと考えました。そこで環境問題（海洋汚染）に関する教材を作ってみました。大きな魚が何匹か死んで浮かんでいるのを見かけた漁師が魚を解剖して調べると、ナイロン袋を飲み込んでいたことが分かりました。海に投げ捨てられるナイロン袋を餌と勘違いして食べた魚が消化できなくて死んでしまったのです。

　さらに、ヒロシマをテーマにした平和の教材、サダコの千羽鶴の話を教材化して送りました。ニュージーランドは nuclear free country で知られた国であり、核にはアレルギーを持っている意識の高い国民です。修学旅行には必ず広島を訪れる高校生たちです。原爆には非常に高い関心を持っていました。

　このような環境問題や平和問題に関する教材を作成して日本語を教えている高校に送りました。すると、しばらくしてあるベテランの日本語の先生から便りが来ました。「この前先生が送ってくれた教材は生徒には難しかったですが、とても興味をもって一生懸命読みました。」と書かれていました。日本語が難しかったという点は反省させられましたが、このような教材に興味を持たれたことに私はほっとするとともにうれしくなりました。

　これを契機にして私は常に学習者の実態に合わせて日本語の精選と題材・内容の吟味を怠りませんでした。特に題材・内容をどう吟味するかは大切な問題と認識していました。学校教育の一環としての外国語教育ですから、どういう目的で日本語を教えるのかという目的論やどんな人間

を育てるのかという本質論を中核に据えてこの国の日本語教育の全体像をイメージし構想しました。高校生は環境や平和・原爆などの問題にとても興味を持っていましたが、日本語教育ですから平和やエコなどを教えることが主目的ではありません。ただ、この両者をうまく統合し調和することができないだろうかと考え続けました。

その答えは1年後に帰国して見つけることができました。広島市の郊外で開かれた小さいコンサート（バイオリンとピアノ）に参加したときに、曲目が書いてあるパンフレットに「音楽家は平和の戦士である」と書かれていました。いい言葉だと感激しました。「日本語教師は平和の戦士である」と心の中で反復してみると、心地よい響きが広がりました。

「戦士」とは、何か大切な価値・目標（ここでは平和（peace））を求めてそれを守り、それを熱心に実現しようと行動する人のことです。「平和」という言葉は単に戦争の反対語ではありません。地球上には武器を用いなくとも、生きるための戦いがあちこちで行われているからです。

例えば、学校に行きたくても貧しいために行けない子どもがたくさんいます（貧困からの攻撃）。学校には様々ないじめや差別があり、不登校や仮面鬱病や自殺といった心を痛める問題が多発しています（他者・集団からの攻撃）。PM2.5やPM1といった微小で有害な大気汚染物質が私たちの健康を害しています（環境からの攻撃）。

これらは全てが広い意味において平和を求めて生きる戦いだと思います。私が考える平和は次の5つのカテゴリーから成り立つものです。これらの単語のイニシャルを取ってPEACE（頭文字語（acronym））と呼ぶことにします＊。

　　P：Poverty（貧困）
　　E：Ecology & Environment（地球環境）
　　A：Assistance in need（自立のための援助）
　　C：Cooperation & Communication（協働と対話）
　　E：Education（教育・教えることと学ぶこと）

第1に、P（Poverty）は貧しさから抜け出るということです。人間らしく生きるのにそれなりのお金が必要です。食べ物・飲み物・衣服・住む所がいります（衣食住）。

第2に、E（Ecology & Environment）は自然を破壊しないということです。大気汚染や地球温暖化を早く止めさせなくてはなりません。自然を守ることです。

第3に、A（Assistance in need）は単に物やお金を与えることではなく、困った人たちが自立するのに必要な援助をすることです。人権を守ることです。

第4に、C（Cooperation & Communication）はお互い助けたり助けられたりといった相互関係を作ることです。そのためには本音で語り合える温かい関係を築くことが必要です。

第5に、E（Education）は全ての子どもに平等に義務教育を保証することです。子どもの学習権を保障することです。

この5つの領域に分けて、餓死、病死、いじめ、差別、紛争、テロなどの世界の諸問題を学びます。

＊　『日本語でPEACE』ならびに本書では、この縫部先生のコンセプトをもとに、CLILの実践に合わせて改訂し、以下を使用しています。P: Poverty（貧困からの脱却）　E: Education（すべての人に教育を）　A: Assistance in need（自立のための援助）　C: Cooperation & Communication（協働と対話）　E: Ecology & Environment（生命と地球環境の保全）

この5つの領域に属する題材・話題から学習者にふさわしい日本語教材を作成します。この教材を使って日本語を学びながら、同時に日本を含めて世界で起こっていることを知ることができます。その結果、豊かな日本語力が身につくのではないでしょうか。これが私のPEACE Projectの原点にあります。

　本書をまとめる過程で私はユネスコのLinguapax Projectというものを知りました。Linguaはlanguage、paxはpeaceという意味です。平和のために外国語を学ぼう、あるいは外国語を学びながら平和を築こう、といった呼びかけです。このプロジェクトに関する第1回目の会議が当時のソビエト連邦のキエフ（現在のウクライナ）で1987年に開催されました。そこでは"Content and Methods of Teaching Foreign Languages and Literature for Peace and International Understanding"について討議されました。この国際会議で出された4つの声明をご紹介します。

　　外国語教師は—
　　1. Be aware of their responsibility to further international understanding through their teaching（国際理解に責任を持っていることを自覚すること）
　　2. Increase language teaching effectiveness so as to enhance mutual respect、peaceful coexistence、and cooperation among nations（相互理解・平和・民族協調に資するようにすること）
　　3. Exploit extracurricular activities such as pen-pal programs、video exchanges、and overseas excursions to develop international understanding（国際理解を増進するような課外活動を行うこと）
　　4. Lay the basis for international cooperation through classroom cooperation using language-teaching approaches responsive to students' interests and needs（学習者の興味とニーズに応じた協働的学習を行うこと）

　因みに、このUNESCOエキスパート会議が終わったあとLinguapaxというNGOが設立され、世界中の言語多様性を維持・推進するために活動が続けられています。本部はスペインのバルセロナのUNESCO Centerにあります。アジアは日本に支部が置かれています。Linguapax Projectというプロジェクトを知って私が構想したPEACE Projectに類似していることに驚きました。

　ユネスコのプロジェクトと私たちのプロジェクトに共通しているのは、外国語教育に世界の諸問題を知るための教育——専門的には「グローバル教育 (Global Education)」と言います——を取り入れるという点にあります。グローバル教育は1970年代に本格的に外国語教育にも導入され、Global Education and Teaching Foreign Languages for a Better World and Peace——外国語で行うグローバル教育——をスローガンにそれなりに市民権を得てきました。これは教育学的なアプローチ (pedagogical approach) であり、特定の教授法や指導技術を示しているわけではありません。

　外国語（英語）教育においてグローバル教育を研究している鳥取大学のKip Cates（1990）は、グローバル教育を世界市民として責任感を持って生きていくのにふさわしい知識・技能・態度・行動を身につける教育だと定義しています。その定義に沿って私の立場から説明を加えます。

　まず、「知識」の獲得とは、目標言語である日本語を学ぶことに加えて、上述したPEACEの構

成要素である５領域における世界の諸問題について知ることです。

　次に、「技能」の習得とは、日本語でのコミュニケーション能力に加えて、批判的思考、創造的発想、協働的解決、非暴力的手段による解決、決断を下したことを伝達すること、諸問題を多様な角度から見ること、ができるようになることです。

　さらに、「（グローバルな）態度」にはグローバルな視点、好奇心、異文化・多文化に対する寛容性、多様性の尊重、正義を打ち立てること、人への共感的理解が含まれます。

　また、「行動」というのは受け身的ではなく、能動的に、積極的に、日常生活において PEACE を少しでも達成するように努力することです。知ること（知識）、できるようになること（技能）、やろうとすること（態度）、そして最後はそれを実行に移すこと（行動）です。

　とかく日本語教師は「技能」に偏りがちですが、この道具的側面に加えて「知識」といった内容的側面にも関心を持ち、多文化教育から文化的・社会的側面である「態度」を学び、そして実行に移してみようという情意的側面である意欲・（内発的）動機づけを高めていきます。

　さて、何を学ぶかを検討したあとは、なぜグローバル教育をするのかをまとめてみます。

1. 外国語教育は、世界の諸問題を解決する世界市民を育成することに独自の貢献をする。日本語教室は多言語的・多文化的・多民族的教室であり、相互に依存し合っている多文化的環境の中で多様性を尊重しあって生きていくことが必要である。

2. 学習者は世界の諸問題（global issues）を学ぶこと（world studies）を通して自分の国・文化・社会・民族などを相対化することができる。これは異文化理解や多文化理解の出発点となる。

3. 日本語で世界の諸問題を学びながら人間が人間らしく生きる権利意識を一層持つようになる。

　要するに、グローバルな視点から外国語を学ぶにつれ、次第に繋がりを大切にする地球市民意識を育てることができます。日本語教師は、多様な言語や文化や民族などが違った者同士がお互い理解しあったり友だちになったりする際の仲介役を果たすことができます。PEACE の実現に対して外国語教育の独自な貢献があるとすれば、このようなことではないでしょうか。

　こんなことを考えながら、教育・学校・学習者の現実はどうなっているのかを検討してみます。現実を直視すると、次のような課題が見えてきます。

1. 世界はお互い繋がっている。どの国にもかかわるような世界的な問題に私たちは直面している。だから、世界の諸問題を無視して教育することはできない。

2. 世界はお互い依存関係で成り立っている。一人で、一国だけで、生きてはいけない。地球市民意識を育てる教育が強く求められている。

3. 今日の若者の自己中心的な姿勢、内向き、ばらばら、無関心、無感動、無知が目につく。自分の外の世界にあまり関心を持たない若者が増えている。

4. 柔軟性に欠けた閉塞感が強い現代の古い教育システムがある。学習者・社会・時代のニーズとともに柔軟に変えられる教育制度になっていない。

このような現実的課題に対してグローバル教育に活路を見出すことは一つの対応の在り方です。既述したように、目標言語である日本語で書かれた教材を学ぶことは、日本語力が伸びるとともに、世界の諸問題を知ることができ、異なる言語・文化・民族・宗教などに対する理解を深めることができます。

　では、何を教えるのか、なぜ教えるのか、を考えたあと、グローバル教育の進め方や指導法を検討してみます。グローバル教育は、内容重視の指導 (content-based instruction) と同じように、どちらかと言えば、教育方法より教育内容に重点が置かれています。今世界で起きていることを日本語で学習したあと、それは多くの国に共通しているか、それは日本ではどうなっているのか、自分はどれぐらい賛成か反対か、その問題に対して自分は何ができるか、自分ならどうするか、などについて考えます。そこから学んだことや感じたことや考えたことをグループやクラスで話し合ったり作文したりします。

　これらの問いに対する答えは一つではなく、学習者の数だけ答えがあります。日本語の正誤に関しては答えは一つですが、個人的な応答内容は答えが一つではないとすれば、教師はどう対応したらいいのか心得ておく必要があります。それを目標言語でお互い分かち合うことによってお互いを理解し合い、違いに対して寛容な気持ちを育てます。

　一般に、その方法論は基本的には次のような特徴を持っています。

　　1. 言語活動は学習者中心で行い、教師は言語促進者（援助者）の役割をする。

　　2. 集団学習を重視し、仲間とのやり取りをしながら協働学習をする。

　　3. なすことによって学ぶという体験学習を取り入れる。

　　4. 知識の伝達（学習活動）より活動を中心にし、言語活動を重視する。

　まず、「学習者中心」とは学習者に好きなようにさせておくという放任主義ではありません。学習者が言語活動の主人公になるように教師が学習を構成しなければなりません。教師主導と学習者中心はバランスが大事です。

　次に、「協働学習」において言語活動は学習者が主体的に参加することが求められ、他者とのやり取りを軸にして相互作用活動を行います。だから、集団学習を基本とします。集団学習とは集団を学ぶという意味です。集団とは自分と他者とのリレーションのことです。

　さらに、「体験学習」ということはなすことによって学ぶことですが、実際に目標言語を使うことを重視します。また、アタマ（知識）だけでなく、ココロ（感情）もカラダ（相互作用）も総動員して学習すること（トータル・ラーニング）が大切です。それを「活動」という一語で表現しました。

　以上、日本語 PEACE プロジェクトの理論的背景について私が把握していることを説明してきました。このような教育において日本語教育、多文化教育、社会文化的アプローチ、語用論、発話行為、日本語教育文法、第二言語習得論など、日本文化論、世界学が統合されます。このことはそれぞれの分野の研究者に任せることにします。

　さて、日本語でグローバル教育を進めていると、学習者は学ぶことに意欲を高め、日本語でのコミュニケーション力を伸ばすことができるように私には感じられました。同時に、私たちは実践を通して次の課題や留意点を見つけることができました。

1. 目的・内容・方法・評価が矛盾しないように展開する必要がある。例えば、女性差別をなくす狙いがあるのに差別の事例を教材化しないのは整合性がとれない。

2. P・E・A・C・Eを題材・話題とする教材に関して、教師が取り上げたい題材・話題を選び、学習者が興味を持つような世界の諸問題を取り上げる。教材選定のために調査したり、具体的な教材の背景を研究したりする必要がある。

3. その目的を達成するためにどのような方法が適しているのかを検討する必要がある。例えば、内容重視の指導で用いられる指導技術や問題解決法や体験学習法は参考になる。

4. もっと難しいのはそれをどう評価するかという問題である。正解が一つであるような問題であれば比較的簡単に評価をすることができる。さらに、日本語力がどう伸びていっているのかを量的にも質的にも、横断的にも縦断的にも、その習得過程を追っていく。

　このようにいろいろな問題・課題や留意点があります。これらの点に留意して、まずは実践してみて自分なりに手ごたえを感じ取ってみることが大切です。学習者がどのように反応を示すかに目を向け、確かな手ごたえを感じ取ることができればそれが教師にとっては自信となります。
　私の教え子たち（博士課程修了者）がPEACE Projectをそれぞれの職場で自発的に実践し、彼らの協働的作業の結果をまとめたのが本書 ** です。彼らは自主的に、積極的に冒険に挑んでくれましたが、彼らの挑戦に感謝したいと思います。こうして、日本語教育がよりよい世界を築き、豊かな地球を守ることに少しでも役に立てば私たちの大きな喜びです。本書がその遠大な目標に向けたささやかな一歩となることを期待しています。

参考文献

Cates, K. (1990). Teaching for a better world: Global issues in language education. *The Language Teacher, 14*(5), 3-5.

** 『日本語でPEACE　P巻』のこと。

豊かな地球を守り、平和な世界を目指す
ことばの教育の重要性を考えさせられるね。
一緒に実践していけるとうれしいな。

CLIL について

テキスト『日本語で PEACE』を理解し、使用するにあたり必要な概念や背景を、以下に簡単に説明しておきます。さらに詳しく知りたい方は、『日本語教師のための CLIL（内容言語統合型学習）入門』（凡人社発行）をご参照ください。

CLIL とは

CLIL とは、Content and Language Integrated Learning の頭文字をとって略したもので、「クリル」と読みます。日本語では、「内容言語統合型学習」と訳されます。CLIL は、特定の内容（教科やテーマ、トピック）を、目標言語を通して学ぶことにより、内容と言語の両方を身につけていこうという教育アプローチです。「言語を学ぶ」のではなく「言語で学ぶ」という姿勢を大切にしており、豊かな内容を扱い、目標言語に触れる機会を与えながら、協学を通して深い思考力や学習スキルも同時に身につけることを目指します。日本語教育の文脈で考えてみると、「日本語を」学ぶことと、「日本語で」学ぶことを同様に大切に考える教育法ということになります。

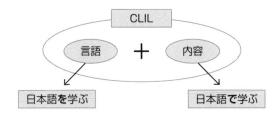

図 1　CLIL のイメージ（奥野他 , 2018, p.3）

CLIL では、学習者が学ぶべき内容について、動機を高め、情報収集、分析、発表、討論を行うなどの言語活動を行うことにより、自然な言語運用を通してより高度な認知力、思考力へと働きかけます。そして、学習者同士、共に学ぶ中で、異文化理解や異文化交流を深め対話をしながら、他者や自己への意識を高め、教室を越えて、社会、世界へとより大きなコミュニティを意識していきます。

CLIL の背景

1990 年代、ヨーロッパでは、欧州連合（European Union、以下 EU）の統合に向けて、国境を越えた EU 市民形成の必要性が高まりました。EU では負の歴史がくり返されないよう、また、人のスムーズな移動や、平和と安定が図られるよう、個人が複数の言語を学び、複数の文化を身につけるための複言語・複文化主義（plurilingualism and pluriculturalism）* が市民教育として実施されています。CLIL はこのような EU の言語政策を実現するための具体的方法として注目され、言語を通して平和な社会の実現に必要な汎用的能力（批判的思考力や問題解決力、協調協働力、社会責任力など）の育成も担っており、現在では世界のさまざまな地域で実践されています。

---

*　複言語・複文化主義とは、一人の人間のなかに複数の言語能力・文化能力が存在し、それらが状況や相手との関係性、目的によって組み合わされることで、コミュニケーションを実現していくという考え方のことです。

CLIL の教育理念

● 4つのC

　CLIL の特徴は、Content（内容）、Communication（言語知識・言語使用）、Cognition（思考）、Community / Culture（協学・異文化理解）という4つの概念に沿って、計画的に内容・方法・教材を選択、設計し、実施する点にあります。つまり、内容の学習、目標言語の運用能力や言語スキル、思考力の向上を、他者との学び（協学）を通して進めていくということです。この4つの概念は、CLILの基本原理となります。またこの4つのCを従来のさまざまな教育理論や方法と統合し、有機的に結びつけることにより質の高い教育を実現します。

(1) Content（内容）

　新しく得られる知識やスキルに関するテーマやトピックを指します。学習者の知的好奇心を刺激し、汎用的能力の育成を意識した教室の中と外を結び付けられるようなトピックが適しています。

(2) Communication（言語知識・言語使用）

　CLIL は、目標言語を「学んでから使う（learn now, use later）」のではなく、「学びながら使い、使いながら学ぶ（learn as you use, use as you learn）」という観点に立っています。そのため、教科科目等の内容を理解するために必要な語彙、表現、文法等の「言語知識の学習（language of learning）」に加えて、レポートの書き方、議論のしかた等の「言語スキルの学習（language for learning）」も重視しており、これらの言語知識とスキルの学習を組み合わせた活動（language through learning）を行うことで、目標言語の習得を促進します。

(3) Cognition（思考）

　CLIL では内容の知識や言語の習得だけではなく、それらの学習を通して深い思考を導くことを目指します。まずは内容理解等に必要な語彙や表現の理解、内容に必要な基礎知識の理解などの「低次思考力（LOTS : Lower-Order Thinking Skills）」から、徐々に内容をクリティカルに分析、評価し、提示された問題に自分なりの視点を見いだし、解決策を提案する等の「高次思考力（HOTS : Higher-Order Thinking Skills）」を伸ばすことを意識して授業を設計、実施します。

(4) Community / Culture（協学・異文化理解）

　CLIL では異なる意見や経験を共有し共に学ぶという教育観に根差し、ペアワークやグループワーク等の協働的な活動や対話の機会を活用します。グループ、クラスという教室から、母文化コミュニティ、学習言語コミュニティという社会へと意識を広げ、地球市民の一員として、よりよい社会の実現を目指し、国際理解や異文化理解を促進していきます。

　4つのCを意識することで内容と言語を統合した授業や評価が行いやすくなり、授業の質も間違いなく、ぐっと向上するはずです。

同時に、内容と言語を効果的に統合しながら、このような学習状況をいかに作り出すかが教師の腕の見せ所となる教育法でもあります。このように述べると、少し敷居が高く聞こえるかもしれませんが、CLIL は、非常に柔軟で多様なやり方が可能であり、使い勝手のよいフレームワークを用いているため、どの教育現場においても応用、実践しやすいのが特徴です。ベラルーシ出身の心理学者ヴィゴツキーが「言語は思考を表し、思考は言語から生まれる」と言っているように、特に言語と思考は深く結びついています。考えたことを言語化することによって、さらに自分の思考が深まると思います。そして、対話をすることで、より深い学びが生まれるような活動を考えていきましょう。

図2 CLILと4つのC

● スキャフォールディング

CLIL では、学習を支援するための教師の手助け、「スキャフォールディング（scaffolding; 足場かけ）」が非常に重視されています。ヴィゴツキーは、人には自力で解決できる領域と、補助や援助があっても解決できない領域、他者の適切な補助や支援があればできる最近接発達領域（ZPD: Zone of Proximal Development）があるとしています。スキャフォールディングは、学習者たちの異なるレベルや能力を考慮しながら計画的にタスクを計画し、選択するものと、授業中に生まれるタイミングを活かすものがあります。学習者の ZPD を意識しながら内容・言語・思考・協学／異文化理解という4つの C を活性化するようなスキャフォールディングを行うとよいでしょう。

例えば、思考レベルを上げる活動を行うと、それに伴い、求められる言語レベルも高まります。学習者が自分の伝えたい内容を独力では言語的に表現しきれない場合であっても、教師や周りの学習者にサポートされることで達成し、それにより徐々に自力でできるようになり、自信をつけていきます。また、ディスカッションが停滞したときに、違う角度からの考えを促すなど、協学面でのスキャフォールディングを行うことでディスカッションが活性化して、内容理解や思考が深まることもあります。本書でも各活動の中で筆者たちが行ったスキャフォールディングを紹介していきます。

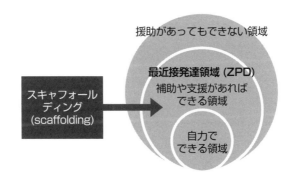

図3　最近接発達領域（ZPD）とスキャフォールディングのイメージ（奥野他, 2018, p.15）

●複リテラシー・アプローチとトランス・ランゲージング

　CLILでは、学習者が持つ複数の言語能力やテクノロジーなどの能力を活用する、複リテラシー・アプローチ（pluriliteracies approach）の導入が推奨されています。学習者がすでに有している知識や学術的スキルを、活動や文脈に応じて相互補完的に利用することで、内容の理解や思考を深めることができます。

　CLILでは、L1（第一言語）や媒介語の多様な役割を肯定的に捉え、効果的な活用をするトランス・ランゲージング（translanguaging）が推奨されています。トランス・ランゲージングは、学習者が持つ複数の言語を一つのつながったもの（言語資源）として捉えます。教室では目標言語の使用のみに限らず、L1で調べたものをL2（第二言語）で発表したり、メモをL1でとったり、協働学習の際にL1や媒介語を用いて理解を深めるなど、柔軟に学習者の持つ言語資源を活用して4つのCを伸ばしていけるとよいでしょう。

●PEACEとは

　「PEACE」とは、「刊行に寄せて」を書いてくださった縫部義憲先生が2009年に、全人的教育（ホリスティック・アプローチ：holistic approach）の立場から、日本語教育を進める上で提唱された概念です。縫部先生は、日本語という言語を手段・道具として、地球上・自国内で起こっていることを自分の問題として捉え、教育内容として教え学ぶ必要性から、以下の5つの内容を含む教育を提唱されました。

　　P：Poverty（貧困からの脱却）
　　E：Education（すべての人に教育を）
　　A：Assistance in need（自立のための援助）
　　C：Cooperation & Communication（協働と対話）
　　E：Ecology & Environment（生命と地球環境の保全）

　私たちは、ことばの教育を通して平和を構築するための取り組みの一環として、この「PEACEプログラム」を教育的にデザインして立ち上げ、実践しています。

　『日本語でPEACE　P巻』では、よりよい世界を目指すためにみんなで考えていきたいテーマとして、「PEACE」というコンセプトの頭文字の「P：Poverty」（貧困からの脱却）を選びました。2015年の国連サミットで採択され、2030年までに持続可能でよりよい世界を目指す17の国際目標(SDGs：Sustainable Development Goals)の第1番目の目標「貧困をなくそう」とも一致しているのは偶然とは思えません。貧困の問題は、どこの国にも、いつの時代にもあり、戦争や格差や差別の原因にもなっています。自分とは関係がないと思う学習者もいるかもしれませんが、自分のふだんの行動が、遠い国の貧困と関わっているかもしれません。貧困の問題をテーマとして学ぶことは、身近なことと世界の問題のつながりに目を向ける貴重な機会になるはずです。誰もが生きることに希望をもてる社会とするために真っ先に考えるべき問題といえるでしょう（「授業を行うに際してのQ&A集」のQ2（p.22）もご参照ください）。

本書の構成について

『日本語で PEACE　P 巻』は、10 のユニットと 1 つのオプションユニットで構成されています。オプションユニットは、社会起業家などをゲストとして招いて、話を聞いたりインタビューをしたりする活動が含まれたものです。

本書では、筆者たちのこれまでの実践例をもとに、『日本語で PEACE　P 巻』の各ユニットについて以下を提示しています。「こうしなければならない」というものはありませんので、実際の学習者のレベルや授業形態に合わせて、適宜、柔軟にご活用ください。

- 授業の流れと 4 つの C
- おすすめ教材・準備物
- 活動のねらい・実践ポイント

また、活動内容に合わせて、以下も示していますので、授業を計画する際の参考としてください。

- 言語面のサポート例
- 教師のまとめの例・質問の例
- 学習者の発話例
- 実践者のつぶやき
- 学習者の感想　　など

さらに巻末資料として、CLIL をより詳しく知るためのブックガイド（pp.109-110）と、私たち筆者の実践から生まれた研究成果（pp.111-114）の一部をご紹介しています。

※ 📘 はテキスト『日本語で PEACE　P 巻』を表します。

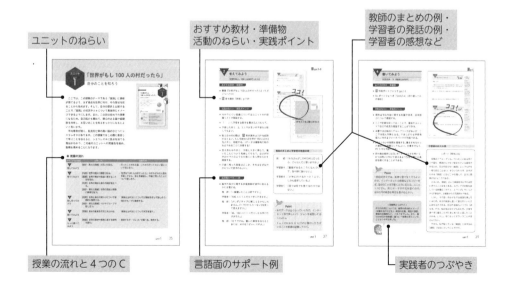

テキスト『日本語でPEACE　P巻』を使ったコースの流れ

　『日本語でPEACE　P巻』は１ユニット１コマのように配分されていません。以下に、このテキストを使って、大学等での１時間90分程度の授業、15回分を想定した授業全体の流れの例を２パターンお示しします。①はオプションユニットを使わずにユニット10まで行うものです。②はゲスト・スピーカーに授業に参加してもらって、話を聞くオプションユニットを入れた場合の例です。

　他にも「もっと調べてみよう」で自分の国の状況や他の国の事例を調べて紹介する活動をしたり、学習者がやってみたいと提案した活動に差し替えたりしてもよいでしょう。読み物も必ずしもここにあるものだけではなく、学習者が探してくることもできます。ユニット６のコラムや資料では日本の貧困についても紹介しています。学習者の興味によっては、ユニット６以降は日本での貧困問題に焦点を当ててもいいでしょう。すべての活動をやろうとするよりも、ディスカッションの時間を十分とってみるという判断が学びを深めることもあります。動画を見たり、書籍やテキスト内の読み物を読んだり、作文を書いたりすることの一部は授業外で行い、ディスカッションや協働活動を授業内で行うこともおすすめです。学習者の興味や動機、活動の進捗に合わせて、自由に構成してみてください。一つ加えるならば、最後は時間がなくなりがちですが、ふり返りの時間は確保することを強くおすすめします。

① コース（90分×15回）の流れ　［例］

目的	回	内容	テキスト	宿題
世界の貧困の現状を知る	1	**オリエンテーション／** **ユニット１の活動** 「**1** 話してみよう」 「**2** 考えてみよう」 「**3** 話し合ってみよう」 「**4** 書いてみよう」 「**5** もっと調べてみよう」 ※「**4** 書いてみよう」「**5** もっと調べてみよう」は、時間が足りなければ宿題とする	ユニット１	「**4** 書いてみよう」作文 「**5** もっと調べてみよう」
世界の貧困の現状、背景、原因を知る	2	**ユニット２の活動** 「**1** 話してみよう」 「**2** 読んでみよう」 「**3** 説明してみよう」 「**4** 書いてみよう」 「**5** 話し合ってみよう」 「**6** もっと調べてみよう」 ※「**6** もっと調べてみよう」は適宜 ※ユニット３「**2** 資料を集めてみよう」を宿題とする	ユニット２	ユニット３「**2** 資料を集めてみよう」資料検索、まとめ

14

	3	**ユニット3の活動** 「▼1 話してみよう」 「▼2 資料を集めてみよう」 ※宿題で調べてきたことをもとに進める 「▼3 ポスターを作ってみよう」	ユニット3	「▼3 ポスターを作ってみよう」ポスターを完成させる
	4	**ユニット3の活動（続き）** 「▼4 ポスター発表をしてみよう」 「▼5 話し合ってみよう」 「▼6 もっと調べてみよう」 ※「▼6 もっと調べてみよう」は適宜		——
	5	**ユニット4の活動** 「▼1 話してみよう」 「▼2 読んでみよう」 「▼3 発表資料を作ってみよう」 ※レジュメは時間が足りなければ宿題とする	ユニット4	「▼3 発表資料を作ってみよう」レジュメ作成
	6	**ユニット4の活動（続き）** 「▼4 発表してみよう」 「▼5 話し合ってみよう」 ※ユニット5「▼2 読んでみよう」の分担読解の担当を決め、レジュメ作成を宿題とする		「▼2 読んでみよう」読解、レジュメ作成
	7	**ユニット5の活動** 「▼1 話してみよう」 「▼2 読んでみよう」 「▼3 発表してみよう」 ※宿題で作成したレジュメを使って発表する 「▼4 評価してみよう」 「▼5 話し合ってみよう」 「▼6 もっと調べてみよう」 ※「▼6 もっと調べてみよう」は適宜	ユニット5	——
貧困に対する支援について知る	8	**ユニット6の活動** 「▼1 話してみよう」 「▼2 発表の準備をしてみよう」 「▼3 クリティカルに読んでみよう」 「▼4 資料を読んでまとめてみよう」 ※まとめは時間が足りなければ宿題とする 「▼5 発表の計画を立ててみよう」	ユニット6	「▼4 資料を読んでまとめてみよう」読解、まとめ

	9 10 11	**ユニット 7 の活動** 「▼1 話してみよう」 「▼2 発表スライドを作ってみよう」 「▼3 発表の練習をしてみよう」 　※スライド作成、発表練習は時間が 　　足りなければ宿題とする	ユニット 7	「▼2 発表スライドを 作ってみよう」「▼3 発表の練習をしてみよ う」作成、練習
	12 13	**ユニット 8 の活動** 「▼1 話してみよう」 「▼2 発表してみよう・聞いてみよう」 「▼3 評価してみよう」 「▼4 もっと調べてみよう」 　※「▼4 もっと調べてみよう」は適宜	ユニット 8	――
自分にできること を考える	14	**ユニット 9 の活動** 「▼1 読んでみよう」 「▼2 考えてみよう」 「▼3 話し合ってみよう」 　※ユニット 10「▼1 書いてみよう」 　を宿題としてもよい	ユニット 9	ユニット 10「▼1 書 いてみよう」作文
学んだことをふり 返る	15	**ユニット 10 の活動** 「▼1 書いてみよう」 　※14 回の宿題としてもよい 「▼2 話し合ってみよう」 「▼3 ふり返ってみよう」	ユニット 10	――

ふり返りの時間が
うまく確保できるといいね。

② コース（90分×15回）の流れ ［オプションユニットを含む例］

目的	回	内容	テキスト	宿題
世界の貧困の現状を知る	1	**オリエンテーション／ユニット1の活動** 「▼1 話してみよう」 「▼2 考えてみよう」 「▼3 話し合ってみよう」 「▼4 書いてみよう」 「▼5 もっと調べてみよう」 　※「▼4 書いてみよう」「▼5 もっと調べてみよう」は、時間が足りなければ宿題とする	ユニット1	「▼4 書いてみよう」作文 「▼5 もっと調べてみよう」
世界の貧困の現状、背景、原因を知る	2	**ユニット2の活動** 「▼1 話してみよう」 「▼2 読んでみよう」 「▼3 説明してみよう」 「▼4 書いてみよう」 「▼5 話し合ってみよう」 「▼6 もっと調べてみよう」 　※「▼6 もっと調べてみよう」は適宜 　※宿題ユニット1「▼5 もっと調べてみよう」の結果を報告 　※ユニット3「▼2 資料を集めてみよう」を宿題とする	ユニット2	ユニット3「▼2 資料を集めてみよう」資料検索、まとめ
	3	**ユニット3の活動** 「▼1 話してみよう」 　※この段階でポスター作成のグループを決める 「▼2 資料を集めてみよう」 　※宿題で調べてきたことをもとに進める 「▼3 ポスターを作ってみよう」	ユニット3	「▼3 ポスターを作ってみよう」ポスターを完成させる
	4	**ユニット3の活動（続き）** 「▼4 ポスター発表をしてみよう」 「▼5 話し合ってみよう」 「▼6 もっと調べてみよう」 　※「▼6 もっと調べてみよう」は適宜		――
	5	**ユニット3の活動（続き）** 「▼6 もっと調べてみよう」 **ユニット4の活動** 「▼1 話してみよう」 「▼2 読んでみよう」 「▼3 発表資料を作ってみよう」 　※レジュメは時間が足りなければ宿題とする	ユニット3 ユニット4	「▼3 発表資料を作ってみよう」レジュメ作成

17

	6	**ユニット4の活動（続き）** 「④ 発表してみよう」 「⑤ 話し合ってみよう」 　※ユニット5「② 読んでみよう」 　の分担読解の担当を決め、レジュ 　メ作成を宿題とする	ユニット4	「② 読んでみよう」 読解、レジュメ作成
	7	**ユニット5の活動** 「① 話してみよう」 「② 読んでみよう」 「③ 発表してみよう」 　※宿題で作成したレジュメを使って 　発表する	ユニット5	――
貧困に対する支援 について知る	8	**ユニット5の活動（続き）** 「③ 発表してみよう」 　※宿題で作成したレジュメを使って 　発表する 「④ 評価してみよう」 「⑤ 話し合ってみよう」 「⑥ もっと調べてみよう」 　※「⑥ もっと調べてみよう」は適宜 **オプションユニットの活動** 「① 調べてみよう」 　※オプションユニット「① 調べて みよう」ができなければ宿題とする	オプション ユニット	オプションユニット 「① 調べてみよう」
	9	**オプションユニットの活動** 「② 聞いてみよう」 「③ 話し合ってみよう」 ※「④ 書いてみよう」を宿題とする		オプションユニット 「④ 書いてみよう」
	10	**ユニット6の活動** 「① 話してみよう」 「② 発表の準備をしてみよう」 「③ クリティカルに読んでみよう」 「④ 資料を読んでまとめてみよう」 　※まとめは時間が足りなければ宿題 　とする 「⑤ 発表の計画を立ててみよう」 **ユニット7の活動** 「① 話してみよう」 「② 発表スライドを作ってみよう」 「③ 発表の練習をしてみよう」 　※スライド作成、発表練習は時間が 　足りなければ宿題とする	ユニット6 ユニット7	ユニット6「④ 資料 を読んでまとめてみよ う」読解、まとめ ユニット7「② 発表 スライドを作ってみよ う」「③ 発表の練習 をしてみよう」作成、 練習

	11 12 13	**ユニット 8 の活動** 「**1** 話してみよう」 「**2** 発表してみよう・聞いてみよう」 「**3** 評価してみよう」 「**4** もっと調べてみよう」	ユニット 8	―――
自分にできること を考える	14	**ユニット 9 の活動** 「**1** 読んでみよう」 「**2** 考えてみよう」 「**3** 話し合ってみよう」 　※ユニット 10「**1** 書いてみよう」 　を宿題としてもよい	ユニット 9	ユニット 10「**1** 書いてみよう」作文
学んだことをふり 返る	15	**ユニット 10 の活動** 「**1** 書いてみよう」 　※ 14 回の宿題としてもよい 「**2** 話し合ってみよう」 「**3** ふり返ってみよう」	ユニット 10	ユニット 10「**1** 書いてみよう」作文の推敲と清書 ※「自分の学びをふり返ってみよう」という授業を通した自分の変化に関する作文を書いてもよい。

ゲスト・スピーカーに話してもらえると、
支援活動がより身近に感じられるように
なるよ。

オリエンテーションについて

　コース全体の流れの中で大事なポイントの一つは、初回のオリエンテーションです。一般的にオリエンテーションでは、授業の目標や進め方、教材、評価方法等について説明します。本授業では、CLILの4つのCに関わる能力を育むこと、個人活動だけでなく、ペアワークやグループ活動を行うこと、発表やレポート、課題提出（ポートフォリオ）を総合的に評価すること等を説明する必要があります（次ページの「オリエンテーション資料［例］」参照）。

　オリエンテーションでは、授業の概要を説明し、学習者にこの授業で学べることや学習の進め方のイメージを持ってもらうことが大切です。この授業では、テキスト以外に一般書を読んだり映像を視聴したりしますので、生教材にチャレンジすることを伝えて、学習者の挑戦心や意欲が高まるように働きかけてもよいでしょう。また、ペアワークやグループワークを多く行いますので、お互いに協力し合うよい雰囲気をはじめにクラスで作ることも重要です。初回の授業では、オリエンテーションだけでなく、学習者同士が打ち解けられるよう、自己紹介や簡単なゲーム、アイスブレイクの活動等を取り入れることもできます。

　ところで、オリエンテーションのなかでCLILという教育アプローチについてどの程度学習者に説明すべきか、迷う教師もいるかもしれません。この点については、教師の判断で詳しく説明することもできますし、次ページのオリエンテーションの資料例のように簡潔にまとめて述べることもできると思います。次ページの資料では明確にCLILという言葉を出してはいませんが、CLILの4つのCと授業の進め方について説明しています。

> この授業では、センシティブな話題に触れることもあるけど、どんな考えや意見も排除されることはないこと、安心して自分の考えを話してほしいということを、オリエンテーションのときに、あらかじめ伝えておくといいよ。

オリエンテーション資料［例］

日本語○○　オリエンテーション

１．授業の目標と進め方

　この授業では、貧困や国際協力、教育などのテーマを通して日本語を学びます。授業ではグループで協力して読解や発表をしながら、テーマについて深く考えていきます。日本語学習だけでなく、社会問題について知ったり、その問題について他の人と話したり考えたりすることも、この授業の目標です。具体的な目標は以下５つです。

　　(1) 貧困、国際協力、教育などの社会的、国際的な問題について知ること（内容）
　　(2) 資料を読む、発表する、レポート（作文）を書く等を通して日本語力を高めること（言語）
　　(3) 貧困、国際協力、教育などの問題について深く考えること（思考）
　　(4) 他の人と協力しながら発表したり、議論したりすること（協学）
　　(5) 世界の現状と課題に関心を持つこと（異文化理解）

　授業では、まず、本を読んだり、映像を見たりして社会的な問題について知ります。次に、わかったことや自分の意見を他の人と話し合って考えを深めます。そして、授業で知ったこと、考えたことについて発表したりレポート（作文）を書いたりします。

２．評価方法

　課題提出、発表、レポート（作文）を総合的に評価します。
　　・課題（ポートフォリオ）の提出：○％
　　・発表：○％
　　・レポート：○％

３．テキスト、参考資料

　　・テキスト『日本語×世界の課題を学ぶ　日本語で PEACE［Poverty 中上級］』
　　・テキスト以外に、一般書を読んだり映像を見たりもします。

４．注意点

　　・授業外でもグループで発表の準備をしてもらうことがあります。同じグループの人と協力して計画的に進めてください。
　　・教員に相談がある場合は、事前にメールで日程調整をしてから訪ねてきてください。

授業を行うに際しての Q&A 集

　　CLIL や『日本語で PEACE　P 巻』をもとにした授業に興味はあるけれども不安もある、という方も少なくないのではないでしょうか。実践を行う上で、出てくる疑問についてお答えします。

Q1. 学習者が CLIL 授業で扱うトピックに興味がないのですが、どうしたらいいでしょうか。

A. 　『日本語で PEACE　P 巻』では、身近な問題から、学習者が興味を持てるような工夫や活動を紹介しています。授業開始時に、「トピックの内容を学ぶだけではなく、言語、思考、協学・異文化理解（4 つの C）についても統合的に学んでいくこと」について学習者に説明し、その意義を理解してもらい、仲間と学び、自分たちで調べていく中でトピックにも関心を持っていくようになるでしょう。活動にも学習者自身が選択する余裕を持たせると、能動的な学びとなり、動機を高めることにつながるでしょう。授業後に学習のふり返りの機会を与え、学習者自身が 4 つの C の伸びを実感することで、学習者のトピックへの興味と CLIL 授業への興味を維持することができます。

Q2. 学習者があまり興味がなさそうな「貧困」という暗い題材をなぜ選んだのでしょうか。

A. 　貧困に焦点を当てる理由は、いつの時代にも、日本を含め、どの学習者の国にもある問題で想像しやすく、テロや戦争の原因にもなる世界的問題であり、かつ貧困問題の解決方法を考えることは「PEACE」の「P」以外の「E：Education すべての人に教育を」「A：Assistance in need 自立のための支援」「C：Cooperation & Communication 協働と対話」「E：Environment 生命と地球環境の保全」についても考えることにもつながるからです。シリアスで暗いイメージを持つかもしれませんが、『日本語で PEACE　P 巻』は、希望のある未来を見据えた活動へとつながるように構成されています。学習者にとって身近で話しやすい活動から始め、世界や社会の課題である「貧困」と自分とのつながりに気づいていけるよう、さまざまな工夫がなされています。授業の後半は、社会起業家の活動に焦点を当て、クラスメイトや自分ができる支援や興味のある活動について、前向きに話し合い、学びを深めていきます。最初はとっつきにくいと思うかもしれませんが、思ったより学習者が関心を持って学ぶことに驚かれるかもしれません。学習者からは「ふだん友達と話さない話題について話せてよかった」という声を聞くことも多いです。

Q3. なぜシエラレオネを取り上げるのでしょうか。

A. 　世界で一番寿命が短い国のことは、世界で一番寿命の長い国である日本にとってかけ離れたことかもしれません。教師のみなさんにとっても多くの学習者にとっても、なじみのない国かもしれません。しかし、シエラレオネが世界一のダイヤモンドの産地であり、結婚指輪や記念日にそのダイヤモンドを贈ったり身につけたりする習慣がシエラレオネの紛争や貧困の原因になっていることを知ることによって、一見関係ないように見えて、世界はさまざまなことでつながっていることを自覚することでしょう。言語を学ぶクラスにはさまざまな背景を持つ学習者が参加していることも多く、自国との違いに気づくとともに、なんらかの共通点やつながりにも気づくかもしれません。また、さまざまな文化や価値観に触れ、このシエラレオネへの支援活動を知ることによって、望ましい支援のあり方を考え、今、世界で起きていることに対して自分たちができることを考えるきっかけになると思います。共に学び、思考や対話を深めていく中で、きっと世界の問題に対する当事者性が生まれることでしょう。

Q4. 教師が題材についてよく知らないのですが、どうしたらいいでしょうか。

A. 　『日本語でPEACE　P巻』で扱う題材については、教師も学習者と共に学んでいく姿勢が大切です。学習者が教師よりも生の情報、歴史を知っていることも多いです。また、必要に応じて専門家の意見を聞いたり、ゲスト・スピーカーとして話してもらってもいいでしょう。教師に求められるのは、刻々と変わる世界の課題について知ろうとする姿勢、学習者と共に対等に学び続ける力、言語、思考、協学・異文化理解を育てるために必要な知識や技能だといえます。言語教育の場は、さまざまな背景や立場の学習者が共に学ぶ場でもあるので、お互いの意見や立場を尊重しつつ活発に意見が交わせるような教室風土を作ることが大切だと思います。題材に関する教師の理解を深めるために本書 p.51「教師向けおすすめサイト」、p.109「CLIL のためのブックガイド」に関連資料を掲載しています。

Q5. CLIL で言語力は伸びますか。

A. 　これまでの実践研究で、言語力が伸びることが報告されています（巻末資料をご参照ください）。例えば、学習者が書いたレポートから、文の長さと数、語彙の数とバリエーション、多角的な論点が増加することがわかっています。また、学習者のアンケートからは、「こんなに話したことはなかった」「緊張せずに話せるようになった」「読む力がついた」「質問ができるようになった」「普通の日本語の教科書にない言葉をたくさん知ることができた」などのコメントをもらっています。

Q6. グループワークが嫌いな学習者がいる場合は、どうしたらいいでしょうか。

A. 　最初は個人での活動や時間を多めにとり、次にペアワーク、グループワークというように徐々に広げていくとよいでしょう。ペアやグループも最初は仲のよい者同士から始めて、徐々にあまり話したことのない人と組む、などのように無理をせずに広げていくといいのではないでしょうか。また、4つのCの一つである協学・異文化理解の力を育てて、自らの思考を深めるために、グループワークが役に立つことも説明し、それを実感できるよう意識していきましょう。グループワークについて、教師が一方的に説明するだけではなく、グループワークのメリットとデメリット、グループワークが好きな理由、嫌いな理由などについて考えたり、話し合うのもよいかもしれません。その上で、学習者への負担が低いグループワーク（協力してワークシートを完成させる、など）から始めてみてはいかがでしょうか。授業のふり返りでは、協学による学びにより、思考が深まった、言語力が伸びたと述べる学習者が多いです。グループワークが苦手だった学習者にも協学のよさを実感してもらえるような実践になるといいですね。

Q7. クラスの日本語レベルに不安がある場合は、どうしたらいいでしょうか。

A. 　例えば、ディスカッションを行う場合でもいきなり話し合いをさせるのではなく、まず個人で考える時間をとり、ペアで話してからグループで話すなど、段階を踏むとよいでしょう。また、学習者が持っている言語リソースのすべてを用いるトランス・ランゲージングを活用した活動を取り入れるのも有効です。例えば、新しい概念を導入し、それについて考える際などに、まずはL1（第一言語）や媒介語で話し合い、次に日本語で話すようにすることで、クラス全体の発言が増えたという事例も報告されています。また、読解素材が難しい場合には、学習者のレベルに合わせて文章をリライトするというのも一つの方法でしょう。また、事前にサポートページ（https://www.bonjinsha.com/wp/clil_p）にある「マイ単語帳」を配布し、学習者がオリジナルの単語・表現帳を作成し、それをクラスで共有する活動をしたり、お互いの単語・表現帳を交換し、クイズを出し合うペアワークをしたりするのも効果的です。さらに、本書には各ユニットの後に単語リストがありますので、先に単語リストから学んでもよいでしょう。本書にはやさしい日本語による語彙リストもありますが、サポートページにある語彙リストもダウンロードしてL1に訳すなど自由にお使いください。

『日本語でPEACE　P巻』サポートページ ▶

Q8. クラス内にレベル差がある場合は、どうしたらいいでしょうか。

A. CLIL では教師だけではなく、学習者同士によるスキャフォールディングも有効とされており、一定の学習効果が得られることがわかっています。学習者にも、ほかの学習者を支援することや支援方法を考えることが自分の学びにもなることを伝えてみるのもよいでしょう。また、トランス・ランゲージングを活用して、レベルに合わせて L1 や媒介語を使用した活動も考えられるでしょう。なお、ユニット 4 以降は、習熟度に合った異なる生教材（本書 p.109「CLIL のためのブックガイド」を参照）を活用することもできます。方法をいくつか提案し、学習者自身たちの「意志」で学習方法を選択する機会をつくることもおすすめです。

Q9. テキストで取り上げられている読み物が難しそうなんですが、中級学習者は読んでくれるでしょうか。

A. 読む前に、取り上げる社会起業家のウェブサイトや関連する商品を見るなどして興味を活性化するとよいでしょう。ウェブサイトは、L1 や媒介語で翻訳して読んでもよいでしょう。また、読み物に関して知っていることや自分たちの経験について話し合ったりするスキャフォールディングも有効です。本書にあるやさしい日本語による語彙リストやサポートページの語彙リストも活用してください。理解できるだけでよい語・表現なのか、使えるようになったほうがよいものなのかを提示してもよいでしょう。もちろん学習者の習熟度に合った他の生教材（本書 p.109「CLIL のためのブックガイド」を参照）に差し替えてもかまいません。生教材で学習することは簡単ではありませんが、クラスメイトと分担して本を一冊なんとなくでも読んだことで、本の一部を抜粋してすべてを理解して読むよりも達成感が得られ、学習者に自信がついたという事例がありました。

Q10. L1 や媒介語を使ってもいいですか。

A. もちろん使ってもかまいません。L1 や媒介語を使う目的と時間を意識するとよいでしょう。日本語の習熟度が低い場合には、日本語を用いた活動の負荷を下げる効果がありますし、上級以上でもディスカッションを深め、より高次の思考力を育む助けとなります。媒介語や学習者の L1 使用が可能な教師であれば、「日本語で書いた作文をもとに L1 や媒介語で話し合い、作文を書き直す」「L1 や媒介語での資料を読んで、日本語で発表し、両言語での質疑応答をする」などといった授業も可能だと思います。

Q11. オンラインで CLIL はできますか。

A. 　本書は基本的に対面授業を想定して執筆しましたが、オンライン授業でも CLIL を実践することができます。筆者らは、オンライン会議システムを利用した授業や、オンラインでの海外日本語教育実習もしています。CLIL で必要な協学の活動は、オンライン会議システムのチャット機能や、オンライン上で小グループでの活動ができるツールを用いて行うことができます。対面で付箋紙やポスターを作成するような活動は、デジタルホワイトボードを活用するとよいでしょう。また、ポートフォリオやレジュメなどをクラウドストレージの共有フォルダを用いて保存することで、ふり返りの活動や協学の活動が可能となります。トピックへの動機を維持したり、協学の活動を行ったりするためには、対面授業と同じかそれ以上の配慮が必要です。

Q12. 評価が大変そうなのですが。

A. 　事前に評価の対象となる知識・能力を決めておく必要があります。それを学習者と共有しておくとよいでしょう。テキストの別冊ポートフォリオもご活用ください。

　ユニット 1 とユニット 10 で学習者が書いた貧困についての作文を用いて評価する場合は、内容や構成、正確さ、読み手にとってのおもしろさなど、どのような点を評価項目として、どのようなフィードバックをするのかを検討し、実施容易性とバランスをとって評価の計画を立てましょう。ユニット 10 の作文（期末レポート）だけを評価するほうが一見楽に見えますが、2 つの作文を見比べたほうが学習者一人一人の成長がはっきりわかります（本書 pp.94-95 を参照）。

　また、「授業を通した自分の変化に関する作文」のようなこれまでの学習をふり返らないと書けない課題を出したり、Can-do リスト（テキスト pp.ix-x）を活用したりすることで、学習者自身の評価リテラシーを育てることもできます。自分自身の成長を実感することで達成感も得られるでしょう。Can-do リストを用いて自己評価をした学習者からは、「【内容】の Can-do リストのうち、10 項目中 8 項目が授業開始時点よりも『できる』と答えられるようになっており、大きく変容していることがわかった」「授業開始以前は貧困問題についてあまり興味がなく特に調べようともしなかったのが、自分が学び取れるところ・学び取るべきところは何か、と目的意識を持って授業に参加したことで、通常よりも【内容】の定着が進んだ」「発表資料の作成方法や発表のしかたに関する項目（スライドの見やすさ、自分の言葉での説明、十分な準備）において【言語】の成長が見られた」という声を聞くことができました。ユニット 10 では個人の成長をふり返ることができます。学習者のふり返り（学習者に起きた変化）については、本書 pp.96-98 を参照してください。

Q13. 言語面について教える項目は決まっていますか。

A. 特に決まっているわけではありません。しかしながら、各ユニットの言語面の目標に応じた言語スキル（例えば、引用のしかたやレジュメの書き方、ポスターの作り方など）については各ユニットに掲載しています。それに伴う表現については、テキストに付録表現集（テキスト pp.123-130）がありますので、活動の前に確認しておくこともできます。また、学習者それぞれが学んだことを可視化することも有効です。そのためには、ダウンロードポートフォリオ（以下、DL ポートフォリオ）の「マイ単語帳」を活用することをおすすめします。語彙だけではなく文型や表現にも着目するよう、教師が促すとよいでしょう。ただ、このテキストでは、新しい語彙や表現を学ぶだけではなく、知っていることばを使って自分の言いたいことを表現できるようになるということも重視しています。そのため、学習者をよく観察し、学習者が言いたいことを表現するためには、どのような表現を使うとより効果的かを考え、タイミングをとらえて支援することが大切だと考えています。学習者の言いたいことと言語表現が一致したときに言語習得も進むのではないかと思います。

Q14. グループ活動の際に、ただグループにいるだけで積極的に参加しようとしない学習者がいる場合はどうしたらいいでしょうか。

A. グループ活動する際に、司会、書記、タイムキーパーなどの役割をあらかじめ決めておく、分担読解や発表のときにはメンバーの分担部分を明確にしておくなどをするとよいでしょう。資料をまとめるのが得意、発表資料を作るのが上手など、各自の得意な分野が生かせるような役割分担ができると、自分が尊重されていると感じて、やる気も高まるかもしれません。また、読みたい箇所を選んでもらう、ディスカッションのトピックが多すぎる場合には選んでもらう、締め切りを提示してもらうなど、選択決定するという機会を増やすとグループメンバーの一員として見ているよというメッセージが伝わりやすいのではないかと思います。CLIL では協働学習を重視しており、グループ活動のプロセスや、やり取りの中で生きた言語活動がなされることを学習者に認識してもらうことが大切です。教師は、グループ活動の前に、活動の目的や協働学習を通して得られる学びについて、しっかりと説明しましょう。

CLIL 授業は学習者との協働でできるもの。
学習者を信じてやってみよう。

学習者からのコメント

　この授業を履修した学習者の感想をいくつか紹介しておきます＊（『日本語教師のための CLIL（内容言語統合型学習）入門』の pp.136-138 もご参照ください）。このような学習者の変化や成長を意識しながら、ぜひ授業を進めてみてください。

● 内容について

日本語の授業を通して、世界の現状が少しだけわかるようになりました。アフリカ諸国の子どもたちはわずかな給料を手に入れるためにカカオ農園で必死に働きますが、カカオから作ったチョコレートを聞いたことも食べたこともありません。カカオを生産する人々は、努力しても世界の市場原理によってさらに貧しくなっています。また、日本人医師の本を読んで、シエラレオネという国の悲惨な現状がわかりました。長年の内戦によってシエラレオネの国民は生活が苦しくなり、未成年者の麻薬乱用・性行為・少年兵問題など、たくさんの問題があふれています。このような人間による地獄がまだこの世からなくなりませんが、私たちは今の自分たちの幸せな生活しか考えていません。

授業を通して、私は世界の現状について考えさせられました。貧困は、政治、経済状況、国際紛争や内戦などと密接に関連していることがわかりました。また、貧困と教育の関係について私は考えたことがありませんでした。教育を受けられるかどうかは、貧困を減らすための最も重要な解決策の一つだと思います。

＊　コメントは原文の意図を損なわない程度にリライトしてあります。

● 言語（発表）について

第1回の発表のときは、日本語で自然に話すことはまだできなかったのですが、今は自分が話したいことを表現できるようになりました。一番重要なのは、発表を何度も経験して、日本語で話すことに自信が持てたことです。自信を持って話せば、間違いがあっても大丈夫です。他の科目の授業でも、スライドを作って100人ぐらいの日本人学生の前で発表しました。これはこの授業の中で何回も発表を経験しなければ、できなかったことだと思います。授業では話す能力を身につけただけではなく、人々と交流する方法も学びました。

これまで受けた日本語の授業では、日本語でプレゼンテーションすることはあまり多くありませんでした。個人発表やグループ発表を経験して、発表の心得のようなものが得られました。まずは、発表者がその発表内容について理解して、発表内容をしっかりと覚えなければいけません。また、練習を重ね、熟練度を高める必要もあります。身振り手振りや聞いている人とのアイコンタクトをすることで発表がより自然になります。最後に、緊張しすぎないなど、発表者自身の感情を管理することが大切です。

● 言語（作文）について

文章を書く能力も成長しています。まださまざまな文法の間違いがありますが最初に比べてよくなりました。文法だけではなく、文章の論理性もよくなっていき、考え方ももっと多面的になりました。授業でレジュメを使って発表したことは忘れられません。私は○○さんと一緒にレジュメを作りましたが、うまい人の文章を読んで、自分には足りないところがあるとわかりました。文法の応用などさまざまな問題がまだあります。これからも学習しないといけません。

● 言語（読書と語彙学習）について

自分が成長したことは、この授業を通して本を読むことが好きになったことです。本の中に知らない言葉があったら書いておくことで、たくさんの単語を覚えられたし、日本語での読書の楽しみも感じるようになりました。最近、本で覚えた言葉を話すときに正しく使えました。そのときのうれしさは言葉で言い表せないほどでした。本を読むスピードが徐々に上がり、レジュメを作る課題では、1回目よりも2回目のほうがとても早く完成させることができました。授業でたくさん本を読む機会があってよかったと実感しました。これからも読書を続けていきたいと思います。

● 協学について

私は他人と交流するのが苦手です。自分の考えを言葉でまとめて、他人がわかるように伝えるのはあまりに難しいので、やらざるを得ないときにだけ最低限の話をするのが長年の習慣でした。このような人見知りの私がこんなにたくさんの人と協力する経験や人前で話す経験ができるとは思わなかったです。この授業での2回の発表と何回もの話し合いなど、これまでの私の人生全部よりも人前で話す回数が多かったです。そして、このような経験のおかげで、大きな変化はないですが、交流することが以前ほど苦手でなくなりました。

4つのCについて、学習者自身がいろいろな変化を感じていることがわかるね。

日本語 L1 学生からのコメント

テキスト『日本語で PEACE　P 巻』は、大学の初年次教育、日本語学習者と日本語を L1 とする学生（以下、日本語 L1 学生）との合同授業、高校生を対象とした国際理解教育、継承語教育でも使うことが可能です。以下に、日本語学習者との合同授業を履修した日本語 L1 学生のコメントをいくつか紹介します。

● 内容について

「内容」としてはとにかく新しく知ったことが多かった。貧困そのものについても、シエラレオネという国についても、MSF という団体についても、社会事業家という組織についても、名前すら知らなかったものばかりで非常に興味深かった。

授業が始まる前のポートフォリオを見ると、例えばアフリカという食物が育ちにくい（イメージ）場所に住んでいるためであり、どうしようもないのではという諦めの気持ちも少なからずあったことがわかる。しかしながら、授業においてモノカルチャー経済のしくみや貧困国の政治・環境状況などについて学び、決してその土地に住んでいるということが問題なのではなく、社会的問題や伝統的な習わし、目まぐるしく変化する世界との関わり、そういったいくつもの複雑な問題が絡み合ってそれが長い時間を経ることでさらに複雑になっているのだと感じた。そして、それらに真剣に向き合っている人がたくさんいて、私たちにもできることがあるのだと気づけたことは大きな変化だと思う。

● 言語（発表）について

この授業で発表用のレジュメを作成したり、他の方の発表を聞いたり話し合いをしたりする中で、以前よりも私が感じたことへの「なぜ？」を追求するようになった。それまで頭に思い浮かんだことをただ口に出していただけだったが、一度頭の中で咀嚼し、その思い浮かんだことの本質を求めるようになったことで、より深い話し合いができるようになったことに加えて、私の意見も（自分の中では）芯が通るようになった。今後に活かせる大切なものを得た。他にも、留学生の方がわかりやすいように日本語 L1 話者と話すときよりも伝わりやすい日本語ではっきりしゃべることを心がけたため、脳内で言葉を瞬時に選び取ることが少し得意になったように感じる。

● 言語（作文）について

ユニット1と10で書いた作文を読み比べて最も大きく変化したところは、具体性が増した点であると考える。授業のはじめに作成した作文は、抽象的・理論的で机上の空論に過ぎない感じも否めないような、読んでいてどこか腑<ruby>腑<rt>ふ</rt></ruby>に落ちないものだったが、最後に書いた作文は貧困の現象面や解決策等がより具体的に記述されており、読んでいて授業開始時点のものより説得力が増していた。これは、4つのCの「内容」である、貧困に関する知識量が格段に増えたことに起因すると思われる。貧困問題について背景知識が豊富になり、また、学んだ内容を咀嚼<ruby>咀嚼<rt>そしゃく</rt></ruby>したことによって、自分の論が地に足の着いたものになったのだろう。

● 思考について

自分とは異なる考え方について許容度が高くなった。一つの事象に対して考え方や解決のしかたはさまざまであり、どれもが正しく、どれにも問題がある。大事なのは自分の考えに責任を持ち、それをいかに簡潔に伝えるか。そして、そのためには自分の中で考えをまとめ、資料等しっかりと準備をすることが大切だと思った。
授業を通して印象に残っているのは、トシさんや木暮さんの「今のための支援ではなく後世に残る教育を」という考え方、そして下里さんの「努力できることが恵まれている」という言葉である。決して特別なことではないけれど自分の思いを長く貫くことは簡単ではなく、いろいろと悩み経験した上でそういった当たり前のことが大切だと語る様子に大きく心動かされた。

● 協学・異文化理解について

「相手と議論したい内容を見つける力」が伸びたと言えるようだ。以前の私は質問や疑問点を考えることに苦労していたが、この授業を通してこの弱点が幾分か克服されたように感じている。これは、この授業では発言する機会が多く設けられていたため、質問することに慣れることができたということや、積極的に発言している他の受講生に対抗心を燃やして意識的に発言しようと努力したことが主な要因であろう。他人に質問する力や、世界の問題と自分とのつながり・世界の問題を解決するために私たちができることに気づく力において変化が見られた。

第 **2** 部

各ユニットの手引き

「世界がもし 100 人の村だったら」

自分のことを知ろう

　ここでは、この授業のテーマである「貧困」に興味が持てるよう、まず視点を世界に向け、その現状を知ることから始めます。そして、自分の現状と比較することで、「貧困」とはどのような状況のことなのか具体的に考えていきます。また、この回は初めての授業になるため、自己紹介も兼ねて、関心のある国や経験談を共有し、お互いのことを知るきっかけにするとよいと思います。

　平均寿命が短く、乳児死亡率の高い国の一つにシエラレオネがあります。この授業ではこの国に着目して学ぶことを伝えると、シエラレオネに焦点を当てる理由がわかり、このあとのユニットへの関連性を強め、動機を高めることになります。

◉ 授業の流れ

テキストの活動	目標	活動内容
1 話してみよう	【協学・異文化理解】お互いを知る。	・行ったことがある国、これから行ってみたい国について話す。
2 考えてみよう	【内容】世界の現状と課題を知る。 【言語】世界の現状や貧困に関することばを知る。 【思考】世界の現状と自分の現状を比べる。 【協学・異文化理解】世界の現状と課題に興味を持つ。	・「世界が 100 人の村だったら」のそれぞれの人数を予測してから、答えを確認し、印象に残ったことについて話し合う。
3 話し合ってみよう	【思考】世界と自分の関わりについて客観的に整理する。 【協学・異文化理解】ペアやグループで話し合う。	・「貧困とは何か」について付箋紙を使って話し合う。 ・他のグループに発表する。
4 書いてみよう	【言語】自分の意見を作文にまとめる。	・「貧困とは何か」について作文を書く。
5 もっと調べてみよう	【言語】世界の現状や貧困に関する資料を読む。	・関連するテーマについて調べる。発表する。

1 話してみよう

行ったことのある国・行ってみたい国

おすすめ教材・準備物

● 世界地図

活動のねらい・実践ポイント

● 世界にはいろいろな国があること、民族、宗教、言語が異なること、同じ国でも地域によって違うことに気づき、学習者から出た意見に何か傾向はないかを考える。

● 自己紹介を兼ねた活動にするとよい。クラスのメンバーについて知り、関係を築く第一歩とする。

● 海外に行った際にどのような経験をしたのか、どのようなことに驚いた（感動した／うれしかった／悲しかった／怒りを覚えた、など）のかについて聞いてみる。海外に行ったことのない人には、行ってみたい国や行ってみたいと思わない国、その理由について聞く。あるいは、自分の国の行ったことのある地域や出身地について話すのもよい。

● 国や地域の名前を日本語で何というかわからない学習者がいるので、世界地図を準備しておき、国の名前や地域を確認しながら話すと、学習者が言いたいことをサポートできて話が進めやすくなる。

p.2

教師のまとめの例

「行きたい国は○○や○○など先進国が多そうですね。世界には戦争が起きている国や貧困で苦しんでいる国もあります。そのような国についてもこの授業で取り上げていきたいと思います。」

▼ 2 考えてみよう

『世界がもし100人の村だったら』

おすすめ教材・準備物

- 書籍『世界がもし100人の村だったら』（マガジンハウス）
- 📖 巻末資料 p.159

活動のねらい・実践ポイント

- 自分がどのような世界の中で生きていて、どのような人間なのかを具体的にイメージし、自覚する。
- わかりにくい語彙についてはユニット末の語彙リストで確認する。
- （　　）に予想する数字を書き込んでもらう。
- 予想したあと、2、3人でお互いの予想を比較してもよい。
- 答え合わせの際は、📖 巻末資料 p.159 を朗読するとよい。もし可能なら『世界が100人の村』を入手し、朗読する。テキストの数字は最新データに合わせて修正してあることに注意する。
- 答え合わせのあと、予想と大きく異なり、驚いたことについて発表してもらう。自分が世界の中でどのような立場にいる人間なのかを確認する。

言語面のサポート例

- 数字の多少に関する表現意図が適切に使えるかに注意する。

  教　　師：「一番驚いたことは何ですか。」

  学習者：「100人に1人だけ大学に行きます。」

  教　　師：「少しポジティブに聞こえるかもしれません。『〜（だけ）しか〜ない』を使って言えますか。」

  学習者：「あ、100人に1人だけしか大学に行けません。」

  教　　師：「そうですね。驚いた事実を伝えるときには、そのほうがいいですよ。」

📖 **pp.2-3**

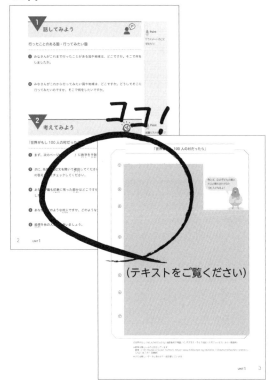

ココ！

（テキストをご覧ください）

教師のまとめと学習者の発話の例

> 教　　師：「みなさんがこの村の村人だったら、どんな人だと思いますか。」
>
> 学習者Ａ：「屋根があるところに住んでいて、食べ物に困らない。」
>
> 学習者Ｂ：「大学に行けるたった1人で、しかも留学している。」
>
> 学習者Ｃ：「国では何でも言えるわけではない。」

Point

- 本のデータは古くなっていくので、インターネット等で新しいバージョンを確認しておくとよい。
- 1人（100分の1）以下の少数の人たちがいることを教師は認識しておく。

37

▼3 話し合ってみよう

「貧困」とは？

おすすめ教材・準備物

- 付箋紙（ピンク、黄色、緑、など）
- A3 サイズの用紙や模造紙など、大きめの紙

活動のねらい・実践ポイント

- この段階で参加者が持つ「貧困」に対するイメージや知識を共有するための活動。
- この活動では、事前調べをせずに行うことがむしろ望ましい。また、お互いの考えの共通点や相違点への気づきにも着目するといい。
- 「貧困」についてグループで話し合い、A3 程度の用紙に付箋紙を用いて簡単なポスターを作る。

  （例）貧困とは何か…ピンク
  　　　貧困の原因……黄色
  　　　何ができるか…緑

- グループで作ったポスターを全体で発表する。
- 教室の壁にポスターを貼り、順番に発表グループのポスターのところに集まって発表を聞く。
- 発表後、続けて「▼5 もっと調べてみよう」を行い、学習者同士で意見を出し合う。事前に宿題にして調べさせておくと、時間短縮につながる。
- 終了後、できればすべてのポスターを保管して、あとで他の人が見られるようにしておくとよい。ポスターの写真をクラウドサービス上の共有フォルダにアップロードして共有するという方法もある。
- 教師はポスターの現物を保管しておき、ユニット 10 でのふり返りの際に再掲示し、活用してもよい。

📖 p.4

ポスターの例

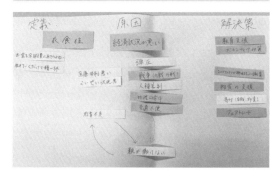

オンライン授業の場合

- ホワイトボードツールを使って行うこともできる。

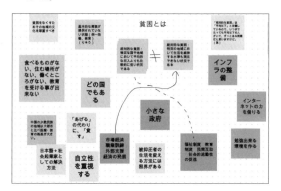

4 書いてみよう

作文のテーマ「貧困とは何か」

おすすめ教材・準備物

- 📗 別冊ポートフォリオ pp.2-3
- DL ポートフォリオ「ユニット 2-4」（初中級レベルの場合）

活動のねらい・実践ポイント

- 現時点での内容に関する知識や思考、日本語力について確認する。

- ここで記録を取っておくことで、最後のユニットで自己の成長を確認することができる。

- 本書では全体的にグループワークが多いが、ここでは個人作業となる。学習者個人に対するフィードバックを行うよい機会にもなる。

- 20分ぐらいの時間を確保する。書ききれなかった場合には宿題にしてもよい。手書きでなく、PC入力も可能である。

- 初中級の場合にはDLポートフォリオを用いて、4つの問いに分けて答えるような形で書くと負担を軽くすることができる。

Point

1回目の作文では、あまり書けなくてもよいので、インターネットの情報などをコピーせず、自分のことばで書くように伝える。ユニット10でも、同じテーマで作文を書くので、自分の今の素直な考えを書けるとよい。

＜実践者のつぶやき＞

作文の内容については、貧困の具体的イメージ（栄養不良の子ども）、貧困の定義、貧困の原因、貧困の改善策など、さまざまでした。また、自分の状況や宗教観に基づいて貧困を捉えていることもうかがえました。

📖 p.4

学習者の作文の例

　　　　レポート「貧困とは」

　母国のスウェーデンも、行ったことあるすべての国も、経済的にかなり恵まれている場所であるため、自分の目では「貧困」というものを一度も見たことがない。そういうわけで、自分がわかる「貧困」とはどこかの遠くて、自分と関係のないところである。

　とはいえ、「貧困」という単語を耳にすれば思い浮かぶことは多くある。ルワンダの内戦を表している映画「ホテル・ルワンダ」やシリアからの放送や、北朝鮮からの写真等々である。

　しかし、その思い浮かぶものは画面を通しているため、本当の貧困と違って都合のいいときに消せるのである。自分の食欲もいつでも「消せる」のだ。私の祖父は子どものとき、夕食を食べずに寝ることがたまにあったと話したことがある。しかし、今になってそういうことがほとんどない。

　だから、私が知っている「貧困」とは本当の「貧困」ではないということだけだ。

5 もっと調べてみよう

世界の統計

おすすめ教材・準備物

● 世界地図

● 世界の統計などが掲載されている資料集

● 公的機関や官公庁の統計資料に関するウェブ
　サイト

活動のねらい・実践ポイント

● 世界の中で平均寿命の高い国と低い国を知り、
　その要因を考える。また、平均寿命と乳児死
　亡率を調べることにより、平均寿命が低い国
　には乳児死亡率の高さが関わっていることに
　も気づかせることが重要。データを読み解く
　リテラシーの育成も意識するとよい。

● 調べる際には、何年の統計データか、出典の
　資料名・発表者・発表年などについても確認し、
　明記するように伝える。

● 統計データは L1（第一言語）や媒介語で調べ
　てもよい。

● 発表前に、出典をきちんと明記しているか再
　度確認させる。

● 平均寿命の低い国の一つにシエラレオネが出
　てくる。この段階で、ユニット 3 以降ではシ
　エラレオネに着目することを伝えておくと動
　機づけになる。

● 宿題にしてもよい。授業では調べてきたこと
　をホワイトボードに書いてシェアするとよい。

● 貧困に関連するデータとして、「平均寿命」や
　「乳児死亡率」以外に、他の知りたい事柄の統
　計データを調べてもよい。

Point
平均寿命が 30 代や 40 代の場合、その年まで
しか生きられないと考えてしまいがちなので、
注意する必要がある。

📖 **pp.5-6**

Point
貧困に関連するデータとして、「平均寿命」や
「乳児死亡率」以外に、他の知りたい事柄の統
計データを調べてもよい。

教師の質問の例

平均寿命の高い国ベスト 5
　「これらの国はどんな国？」

平均寿命の低い国ベスト 5
　「これらの国はどんな国？」
　「どうしてこんなに低いのでしょうか。」

乳児死亡率の高い国ベスト 5
　「（先ほどの平均寿命の低い国と比べて）
　ここから何か共通点はわかりますか。」

乳児死亡率の低い国ベスト 5
　「これらの国は、どうして乳児死亡率が低
　いのでしょうか。」

モノカルチャー経済と貧困

貧困のメカニズムを知る

　ここでは、貧困の原因の一つである「モノカルチャー経済」を通して、貧困のメカニズムについて学びます。同時に、貧困の背景や原因について日本語で説明できるようになることを目指します。ふだん私たちが何気なく口にしているコーヒーやチョコレートの生産国の背景を知ることで、それを作っている人たちの生活や生き方に思いを馳せられるようになるとよいと思います。

● 授業の流れ

テキストの活動	目標	活動内容
1 話してみよう	【協学・異文化理解】世界の問題と自分とのつながりに気づく。	・身近なコーヒーの原産地や1杯の値段の内訳を知り、貧困のメカニズムを考える。
2 読んでみよう	【内容】貧困の要因となるモノカルチャー経済を知る。 【言語】貧困の背景や要因に関することばを知る。／モノカルチャー経済に関する資料を読む。	・「モノカルチャー経済が貧困を生んだ」を読み、モノカルチャー経済のメカニズムを理解し、理解に必要な語彙を知る。
3 説明してみよう	【言語】貧困の背景や要因を論理的に説明する。 【思考】貧困の要因や背景に関する情報を整理する。	・モノカルチャー経済のしくみについて、「ポレポレ村」を例として説明する。説明に必要な語彙や表現を使う。
4 書いてみよう	【言語】貧困の背景や要因を論理的に記述する。	・作文「ポレポレ村で起こった出来事」を書く。
5 話し合ってみよう	【思考】貧困のメカニズムを理解する。 【協学・異文化理解】他の人の考えを知る。	・「モノカルチャー経済」の問題点と抜け出す方法について話し合う。
6 もっと調べてみよう	【思考】貧困の要因や背景に関する情報を整理する。 【協学・異文化理解】世界の問題と自分とのつながりに気づく。	・自国の輸出品や世界の他の例について調べる。 ・モノカルチャー経済に関連する児童労働やコーヒーの真実についての映像を視聴する。

▼ 1 話してみよう

世界のコーヒー生産

おすすめ教材・準備物

● 書籍『NHK 地球データマップ』(NHK 出版)

活動のねらい・実践ポイント

● 日々のごく身近なものが世界とつながっていることに気づく。

● 日々口にしているコーヒーの値段の内訳の現実を知る。

❶

● コーヒーやチョコレートは好きか、どれくらいの頻度で飲むか/食べるか、などを聞く。

● 実際に教室でコーヒーを飲んでいる学習者がいた場合、その値段を聞いてみるのもよい。

● 実際にチョコレートを配って食べながら考えてもよい。

❷

● 『NHK 地球データマップ』は 2008 年出版なので、最新のデータを確認しておくとよい。

❸

● コーヒー 1 杯の内訳について、すぐに正解を伝えるのではなく、表に値段を書いて予測する。ほとんどの学習者はコーヒー農家が受け取る値段に驚く。この驚きを大切にする。

　※コーヒー 1 杯 330 円
　　[カフェ・小売業：296 円(90%)、輸入業者・貿易会社：23 円(7%)、コーヒー農園：3 〜 9 円(1 〜 3%)]

● 学習者のほうから「不平等」「フェアではない」ということばが出るとよい。

📖 pp.10-11

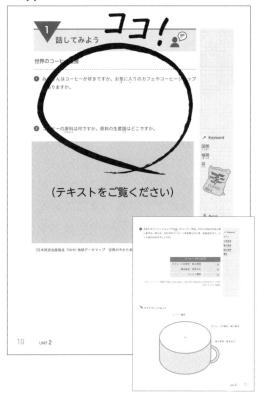

教師の発言の例 ①

「みなさんはコーヒー(チョコレート)が好きですか。」

「何からできているか知っていますか。」

「カフェによく行きますか。」

教師の発言の例 ②

「毎日飲んでいるコーヒーや食べているチョコレートの値段の内訳について考えたことがありますか。」

「コーヒー農家に支払われる割合が低いことにびっくりですね。」

「この事実についてどう思いますか。」

▼2 読んでみよう

「モノカルチャー経済」とは？

おすすめ教材・準備物

- 📓 語彙リスト p.17
- DL ポートフォリオ「マイ単語帳」

活動のねらい・実践ポイント

- 絶対的貧困の原因の一つであるモノカルチャー経済のメカニズムについて知る。
- テキストの文章（📓 p.12）の右側にある「keyword」の語彙を確認する。
- ユニットの終わり（📓 p.17）にやさしい日本語で意味を説明した語彙リストがある。
- 「誤：とじょう<u>くに</u>（正：とじょう<u>こく</u>）」と言うことも多いので、キーワードの読み方にも注意を払う。
- 本文についての質問（📓 p.13）に答える際は、読みながら書き込んだり、ペアで口頭で確認したりするとよい。

Point

- DL ポートフォリオ「マイ単語帳」を紹介して、学習者自身が重要だと思うことばや覚えたいことばを記入する。
- 各自の「マイ単語帳」を使って、学習者同士でクイズをしたり、クラスの単語クイズを学習者に作成してもらってもよい。

📖 pp.12-13

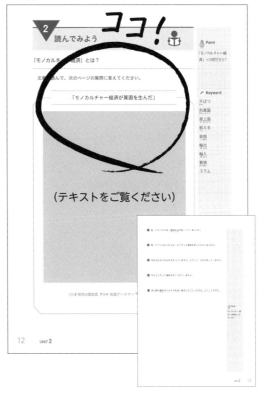

学習者の感想

私にとって一番重要な問題は、コーヒーは毎日よく販売されていても、開発途上国には利益はないという問題です。論理的に考えると、コーヒーやカカオを栽培した農村は誰よりも収入を得てよいと思いますが、結局、小売業者と輸入会社、輸出業者、そして貿易会社が 97% の利益を得ています。歴史的に、その不平等な状況には、さまざまな原因があるといえます。植民地化や、モノカルチャーや世界大戦などの影響だと思えます。これは、やはり形勢的な問題だけではなく、倫理的な問題であります。今回も、他の学生の皆さんと意見をシェアして、とてもおもしろかったと思います。

3 説明してみよう

「ポレポレ村」で起こった出来事

おすすめ教材・準備物

- 別冊ポートフォリオ（p.4 に絵の拡大版あり）
- 巻末付録「使える表現」p.125

活動のねらい・実践ポイント

- マンガ（「ポレポレ村」で起こった出来事）を見ながら、ペアやグループで「モノカルチャー経済」が起こるメカニズム、ストーリーを考え、わかりやすく口頭で説明する。

- 「Keyword」の語彙の読み方、意味を確認する。

- 言語レベルが低い学習者の場合は、教師と学習者で Q&A をしてもよい。

- 学習者のことばを「Keyword」欄の語彙に置き換えるなどしながら、作文で使ってほしい語彙もいっしょに確認する。

- 話し合いのときは、1 コマずつマンガに描かれた絵の詳細（登場人物の表情、農作物の変化、服装の変化、など）を見ながら話し合うとよい。

Point
（ストーリーのポイントの例）

- 1 コマ目の先進国の人が手に持っているのは、コーヒーの木の苗。吹き出しの中に、なぜテレビや車が入っているのか考えるとよい。換金作物であるコーヒーを植えると豊かになってテレビや車が買えると言っている。先進国の人のウインクする表情にも注目。

- 1 コマ目で作っているのは、自給自足作物のヤムイモだが、2 コマ目からヤムイモ畑をつぶしてコーヒー農園に変わっている。

- 1 コマ目の村人が、2 コマ目から雇われている立場（小作人）に変わる。

- 1 コマ目にある村長は、4 コマ目で農場主と立場が変わる。

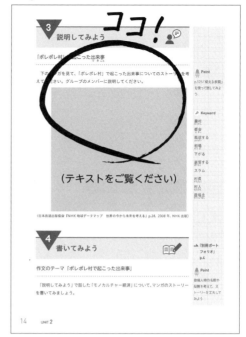

p.14

（テキストをご覧ください）

- 3 コマ目では、世界中でコーヒー豆を栽培するようになったので、生産過剰になって世界のコーヒー相場が崩れて価格が下がった。

- 4 コマ目で、農場主は先進国の人にアドバイスを受けて、農園の存続のために不要な人員を解雇せざるを得なくなった。

- 5 コマ目で、すでに自給自足の手段がなくなっていた村人は、コーヒー農園を離れて街のスラムに出て行かざるを得なくなった。

教師の質問の例

(1) 「村人はどんな生活をしていましたか。」

(2) 「村人の働き方は昔と変わりましたか。」

(3) 「コーヒーの相場はどうなりましたか。村人の生活にどんな影響を与えましたか。」

(4) 「村人はどこに住むようになりましたか。どうして貧しくなってしまったのですか。」

▼④ 書いてみよう

作文のテーマ「ポレポレ村で起こった出来事」

おすすめ教材・準備物

● 📖 別冊ポートフォリオ p.4

● 📖 巻末付録「使える表現」p.125

活動のねらい・実践ポイント

● マンガ（「ポレポレ村」で起こった出来事）の内容を整理し、構成を考えながら文章で説明する。

● モノカルチャーの「モノ」の意味（「単一的」）を再度確認しておく。

● 作文ではこのユニットで習ったことばや内容に関するキーワードを使うように指示する。

● 「▼④ 書いてみよう」を宿題にし、「▼⑤ 話し合ってみよう」を先に行ってもよい。

言語面のサポート例

● 驚きや残念な気持ちを伝えるためにどのように表現するといいかフィードバックするとよい。

学習者の例：「村に<u>住まなくなりました</u>」

　→「村に住めなくなりました」
　　「住めなくなってしまいました」

学習者の例：「スラムに<u>住むようになりました</u>」

　→「スラムに住むしかなくなりました」
　　「住まざるを得なくなりました」

学習者の例：「結局、スラムにしか<u>住まなくなりました</u>」

　→「結局、スラムに住むしかなくなりました」

● ストーリー仕立てで書き、あとで発表してもよい（次のページに参考例あり）登場人物を設定することで、物語の背景や貧困のシステムが人々とどう関わるか認識しやすくなり、当事者性を高めることができる。

● 発表では3名一組になり、登場人物になりきってセリフを言う。1名は先進国の人、1名は村人、1名は村長となる（できれば、ナレーターを1名追加するか、誰かがナレーターを兼ねる）。

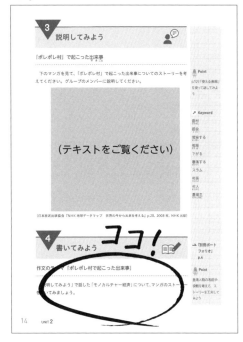

📖 p.14

学習者の感想

「先進国」や「開発途上国」など、自分に足りなかった具体的な語彙を学ぶことができました。この授業のように、新しい単語をすぐに使わなければならない場合は、より簡単に記憶にとどめることができます。

ポレポレ村の絵を見たときに自分には一通りの解釈しか思いつかなかったのに、みんなで説明し合うといろいろな考え方があり、そのどれもに納得させられた。また、初めに貧困について書いたとき、私は環境要因による資源不足で貧困に陥るのだと思っていた。しかし、「モノカルチャー経済」について学び、もともとはできていた自給自足が、外部の手が入ったことで崩壊していったという流れを知った。少し考えると流れや原因はそれなりに理解できるものであるが、そもそもそれについて考える機会がいかにないか思い知らされた。私たちがイメージする貧困の原因は、実は私たちが作り出してしまったものなのかもしれない。（日本語L1 学生）

📄 別冊ポートフォリオ（p.4）の記入例
（セリフ入りのストーリー仕立てで作成する場合）

ユニット
UNIT
2

p.14 ▼❹書いてみよう

名前：＿＿＿＿＿＿＿＿

＿＿＿年＿＿月＿＿日

書く ポレポレ村で起こった出来事

下のマンガを見て、「ポレポレ村」で起こった出来事についてのストーリーを書いてください。

（テキストの
マンガを
ご覧ください）

ポレポレ村はヤムイモなどのいろいろな作物が栽培できる村だった。

ポレ（男の子）：「あれ、あの人誰？」
村長：「こんにちは。何の用ですか？ この村の人ではなさそうですね」
ネクタイの人：「あなたは村長さんですか？ このコーヒーを栽培してみませんか？うまく栽培できたらテレビ、車も買えるようになりますよ！」
村長：「うーん」
ポレ：「ぼく、テレビがほしい！」
村長：「でも食料はどうするんだ？」
ネクタイの人：「それはご心配なく、私たちから提供いたします」

村長：「じゃ、コーヒーを栽培しよう！」
村の人たちは畑をやめてコーヒーを栽培し始めた。コーヒーはよく育ち、村は豊かになった。

しかし、世界中のいろいろな国でコーヒーが栽培されるようになり、コーヒー相場は暴落してしまった。村ではコーヒーだけ栽培するようになっていたため、食料が自給できなくなっていた。ついに食料を買うお金もなくなった。
ポレ：「お母さん、お腹すいたよー」
お母さん：「コーヒーしかないよ。ごめんね、ポレ」

村長：「これは何とかしないと」
村長はネクタイの人に相談した。
ネクタイの人：「申し訳ないんですが、今度からコーヒーの価格を下げることになりました」
村長：「え！ それは困る！ 機械を買ったばかりなのに。借金が返せない」
ネクタイの人：「それでは、農園の一部を売ったらどうですか」
村長は農園の一部を売って、働いていた人を解雇した。

（日本放送出版協会
世界の今から未来

仕事も住むところもなくなった親子は都会に出た。しかし、農場の仕事しかしたことがない親子には仕事はなく、スラムに住むしかなくなった。

4

▼5 話し合ってみよう

「モノカルチャー経済」の問題点

活動のねらい・実践ポイント

- 「Keyword」をヒントとしてモノカルチャー経済の問題点について考える。特定の一次産品（作物や鉱物）の輸出に国の経済が依存した結果、国の経済が不安定になることに気づけるとよい。

- 「▼3 話してみよう」「▼4 書いてみよう」のポレポレ村のストーリーを例として考えると、話しやすくなる。

- モノカルチャー経済の例は学習者の国や、知っている国の例を挙げるとよい。

  （例）コーヒー、カカオ、砂糖、ダイヤモンド、ゴム、レアメタル

- リスクの分散方法として、栽培する作物の種類を増やす、外国の技術を学び産業の幅を増やす、などがある。

- 「▼6 もっと調べてみよう」のあとで話し合ったほうが、活発なディスカッションができることもある。

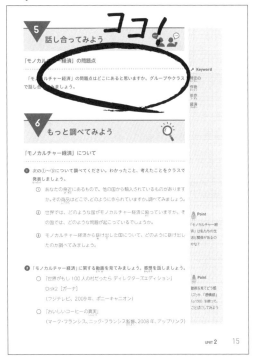
♪ p.15

＜実践者のつぶやき＞
ポレポレ村の話をベースに話し合ったとき、一度異なる文化や習慣が入ってくると、もう「元には戻れない」という意見がありました。モノカルチャー経済の問題点として、経済的な格差の問題だけでなく、農薬による土壌汚染などの環境問題、ごみの増加、食文化の変化、時間の使い方など、さまざまなものが変わってしまうことがあると気づかされました。

学習者の感想

いろいろな国の留学生が参加したことは、グループにとって大きなメリットだったと思います。彼らは、自分たちが経験した、あるいは目撃した貧困の現場について話してくれました。特に、過剰な農薬使用による土壌の貧困化と、地域住民の生活への影響について教えてくれました。これらの教訓的な証言によって、授業が社会的な現実と関連づけられたと思います。

▼以下の黒板は、「学習者の感想」にあるディスカッションをした際の板書です。

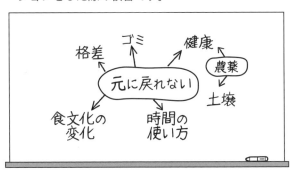

47

6 もっと調べてみよう

「モノカルチャー経済」について

おすすめ教材・準備物

- DVD などの動画
- 📖 巻末付録「感情語」p.130

活動のねらい・実践ポイント

- 身近なものと関連づけて調べたり、動画を見たりすることで、モノカルチャー経済と自分の生活との関わりに気づく。

❶

- スナック菓子、チョコレート、携帯電話、紅茶、車などの身近なものとその材料などから、自分との生活との関わりについて考えるよう促すとよい。

- モノカルチャー経済から脱却した国としては、ブラジル、マレーシアなどが挙げられる。

- 日本語以外に学習者が使える言語で調べてもよい。

❷

- 動画を見たあとの感想を話すときに、巻末付録「感情語」（📖 p.130）が利用できる。

> ＜実践者のつぶやき＞
> ガーナの動画から、カカオ農園での児童労働の実態を知り、驚いたり、いつも食べているチョコレートの背景にある事実にショックを受ける学習者がいます。

学習者の質問と教師の回答の例

学習者：「モノカルチャーは食料だけですか。」

教　師：「鉱物資源や、衣類の原料もあります。携帯電話に使われている鉱物はレアメタルと言いますが、コンゴなどのアフリカで掘られています。」

📖 **p.15**

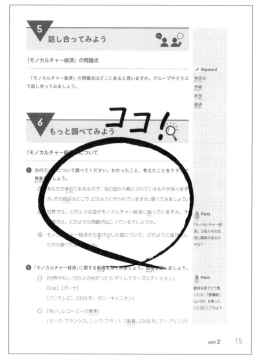

学習者の感想

ビデオを観て、実際に重労働を強いられている子どもにフォーカスを当てて、貧困や児童労働の実態を目で見ることで、世界各地で同じようなことが起こっているという現実を、改めて突きつけられたように感じました。また、「途上国の貧困問題は深刻だ」と頭で考えて、それだけでわかったつもりになってはいけないと感じました。本当は現地に行ってこの目で確かめるのが一番いいとは思いますが、映像でもかなり心が痛くなったので、できることなら、豊かな生活をしているすべての人がこうした現実を目で見て、考える機会をつくるべきだと思いました。（日本語 L1 学生）

ユニット UNIT 3 シエラレオネ

情報を集め、人に伝える

　ここでは、貧困が問題となったアフリカの「シエラレオネ」という国について学びます。ユニット4からのシエラレオネに関する分担読解に備えて、シエラレオネとはどのような国なのかを自分たちで調べます。みんなでポスターを作って発表し合うことによって、シエラレオネという一つの国をいろいろな視点から捉えられるとよいと思います。

◉ 授業の流れ

テキストの活動	目標	活動内容
▼ 1 話してみよう	【思考】自分と他の人の情報の集め方や発表方法を比べる。	・資料の種類とそれぞれのメリット・デメリットについて話し合う。 ・資料を集めるとき、具体的にどう行動するかについて話し合う。 ・本やインターネットの記事に書いてあることを引用するときの書き方や注意点について話し合う。
▼ 2 資料を集めてみよう	【内容】シエラレオネの現状を知る。 【言語】シエラレオネについて調べる。	・シエラレオネについて各自調べてくる。
▼ 3 ポスターを作ってみよう	【言語】調べたことをまとめて、わかりやすいポスターを作る。 【思考】シエラレオネに関する情報を整理する。 【協学・異文化理解】ポスターを協力して作る。	・よいポスターとはどのようなものか話し合う。 ・各自が調べてきたことをグループでシェアし、ポスターのテーマや内容、配置などを決める。また、足りない情報を探してくる。 ・グループでポスターを作る。
▼ 4 ポスター発表をしてみよう	【言語】ポスターを使って相手の理解を確認しながら説明する。／他の人の発表を聞いて、疑問点やもっとくわしく知りたいことを質問する。 【思考】自分と他の人の情報の集め方や発表方法を比べる。	・（発表者）ポスターを発表する前に、どんな質問をされるか予想して、答えを用意する。 ・（発表者）ポスターを発表する。 ・（聞き手）ポスターの内容について質問する。
▼ 5 話し合ってみよう	【協学・異文化理解】異なる環境に住む人々について関心を持つ。	・ポスター発表を聞いて、シエラレオネについて一番驚いたこと、思ったことや感じたことを話し合う。
▼ 6 もっと調べてみよう	【内容】シエラレオネの現状をもっと知る。	・シエラレオネや貧困に関する映像を見たりストーリーを読んだりして、そこで暮らす人々の実情を知り、感想を述べたり書いたりする。

1 話してみよう

資料の集め方・引用のしかた

● シエラレオネや貧困に関わる資料

● 引用のしかたの例

活動のねらい・実践ポイント

● 資料の種類や扱い方について知り、今後の発表やレポートづくりにつなげる。

● 資料の種類の例：
新聞、テレビ、DVD、出版物、インターネット

● インターネットで検索するときに、検索ワードがうまく思いつかない学習者がいるので、検索ワードに関連するキーワードや人名などを組み合わせるようアドバイスするとよい。

● 雑誌論文を探す場合に Google Scholar を利用すると探しやすい。
https://scholar.google.co.jp/

言語面のサポート例

引用の方法：

● （例 1）雑誌論文

岡野英之（2018）「『若者』言説が作り上げた新興エリート：紛争後シエラレオネにおけるバイクタクシー業業界団体の考察から」『スワヒリ＆アフリカ研究』29, pp.18-37.

📖 **p.20**

● （例 2）単行本

後藤健二（2005）『ダイヤモンドより平和がほしい ― 子ども兵士・ムリアの告白 ― 』汐文社 .

● （例 3）ウェブサイトからの引用資料

外務省（2021）「シエラレオネ共和国 Republic of Sierra Leone」
https://www.mofa.go.jp/mofaj/area/s_leone/index.html
（2021 年 9 月 10 日閲覧）

▼2 資料を集めてみよう

平均寿命が短い国、シエラレオネ

おすすめ教材・準備物

- シエラレオネや貧困に関わる資料
- メモ用紙

活動のねらい・実践ポイント

- シエラレオネについての情報を自分たちで集め、情報をどのように整理するかをグループで考える。
- シエラレオネについて多面的な情報が集められるようアドバイスする。国の内情、歴史背景、宗教、衣食住といった文化、保健衛生、など。
- 出典を必ず記録しておくようにする。
- 調べることは宿題にして、次の授業で写真やグラフ、データなどの調べたものを持ち寄るとよい。

教師向けおすすめサイト

- 外務省：シエラレオネ
https://www.mofa.go.jp/mofaj/area/s_leone/index.html

- 特定非営利活動法人 Alazi Dream Project
―シエラレオネの貧困問題を解決する
https://alazi.org/

📖 **p.20**

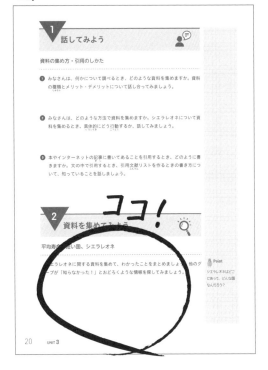

- 3分でわかるシエラレオネ紹介シリーズ
「観光地編」VOL.5（2021年4月12日）
https://alazi.org/20210412-2/

- シエラレオネ共和国｜東京都立図書館
（tokyo.lg.jp）
https://www.library.metro.tokyo.lg.jp/search/research_guide/olympic_paralympic/area_studies/index/sierra_leone/

3 ポスターを作ってみよう

発表テーマ「シエラレオネ」

おすすめ教材・準備物

- 参考としてポスターの例があるとよい。（p.54 にも例あり）

- ポスター用紙（A0 版など大きめの紙）

- メモ用紙

- ポスターに使えそうな図や写真などをプリントアウトして持参するとよい。

- 教師側で文房具を用意することが難しい場合は、各自ポスター作成の際に必要な文具（マーカー、はさみ、のり、など）を持参するよう指示しておくとよい。

- PC でポスターを作成する場合は PC

活動のねらい・実践ポイント

- 情報を整理し、視覚的にもわかりやすいポスターをグループで協力して作成する。

- 大きな絵や写真だけの宣伝ポスターを思い浮かべる人もいるので、ある程度情報の入った発表用のポスターであるということを伝えておく。学会発表用のポスターなども参考になる。また、インターネットで「ポスター例」を画像検索し、適したものを探してもよい。ただし、見せる場合には、例が1つだけだと同じようなポスターになったり、イメージが固定してしまったりするので、例を見せる場合は複数見せたほうがよい。

教師の指示と学習者の発言の例

> 教　師：「どのようなポスターがいいポスターだと思いますか。」
>
> 学習者：「絵が描いてある／写真がある」
> 　　　　「簡単な文章で書いてある」
> 　　　　「主題が明確」
> 　　　　「字が見やすい」　など

📄 **p.21**

- ポスターの内容が重なりすぎないように、どのような観点に着目するのかなど、グループごとの特色が出るようにするとよい。

  観点の例：「歴史」「環境」「女性」「健康」「教育」など

教師の指示の例

> 「ポスターを見た人が知らない情報、驚くような情報を見つけてみましょう。」
>
> 「何か1つテーマを決めて、それを深く掘り下げるようにしましょう。」
>
> 「一般的な情報だけだと、どのポスターも同じになってしまいますよ。」

- ポスター発表では質疑応答があることも予告しておく。

- 初めにポスターのデザインや配置について話し合って、A4の紙などにメモをしてから、大きな紙に書き出すとよい。

- オンラインの場合にはクラウドサービスでファイルを共有して作成するとよい。

4 ポスター発表をしてみよう
ポスター発表のまえに・発表のあとに

おすすめ教材・準備物

- DL ポートフォリオ「ユニット 3-4」
- 巻末付録「使える表現」p.126

活動のねらい・実践ポイント

- 聞き手にわかりやすい発表のしかたを学ぶ。また、他のグループの発表を聞くことでシエラレオネについての理解を深める。

- 発表の前に、完成したポスターを見ながらどんな質問がでそうか予測し、答えを準備しておくように伝える。

- ポスター発表には以下の 2 種類がある。方法を提案し、どちらの方法にするか、学習者に決めてもらってもよい。

  (1) 発表者がポスター全体を説明してから質疑応答する。

  (2) まず、聞き手にポスターを見てもらい、そのあとで発表者が個別の質問に答える。

- 人数が少ない場合は、1 グループごとに発表を行うことができるが、人数が多い場合は同時に行うことで時間を節約することができる。

  (例) グループから 1 人（もしくは、2 人）が発表している間、残りのメンバーは他グループのポスターを聞きに行く。10 〜 15 分たったら発表者の入れ替えを行う。

言語面のサポート例

- 教師は、発表内容だけではなく、学習者の使用した文法や語彙・表現などについても注目し、発表終了後にフィードバックする。

教師のフィードバックの例

> 「『貧困の差が多くなる』『貧困の差が強い』と言っていましたが、『貧困の差が大きくなる、広がる』と言うといいですよ。」

p.22

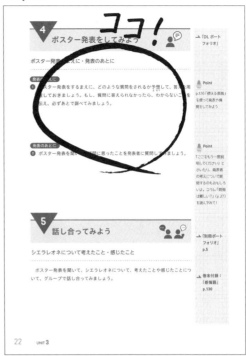

Point
『日本語教師のための CLIL 入門』pp.93-94 のポスター発表の質問活動も参照。

  (例) LOTS 型質問（低次思考力を使って答えを考える質問）
  「何」「いつ」（記憶）

  (例) HOTS 型質問（高次思考力を使って答えを考える質問）
  「どうして〜なったと思いますか」（論理的思考）

学習者のコメントの例

> 「同じ『シエラレオネ』でも、グループごとにテーマが違っておもしろかった。知らないことをたくさん知ることができた。」

> 「日本語で初めての発表だったけど、質問に答えられてよかった。」

> 「質問をすることが難しかったけど、答えてもらってうれしかった。」

ポスターの例

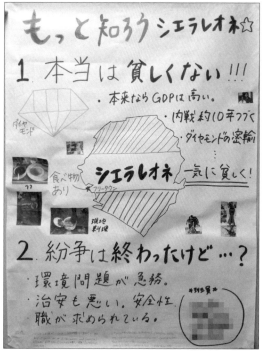

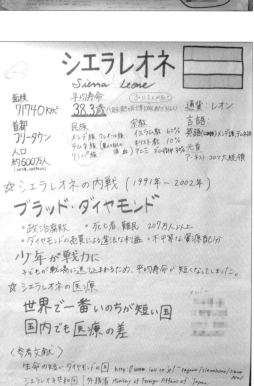

教師の学習者へのアドバイスの例

「発表は、ポスターの文章を全部読み上げるのではなく、重要なところやポイントだけを話しましょう。」

「今話しているところがわかるように、ポスターを指し示しながら説明しましょう。」

「聞いている人の顔を見ながら話しましょう。」

<実践者のつぶやき>

ポスター発表を聞いている側からの質問がほとんどなく、ディスカッションが成立しにくいときは、教師も一緒に回って質問したり、質問を促したりしました。

5 話し合ってみよう

シエラレオネについて考えたこと・感じたこと

おすすめ教材・準備物

- 別冊ポートフォリオ p.5
- 巻末付録「感情語」p.130

活動のねらい・実践ポイント

- ポスター発表で得た情報をもとにシエラレオネについて各自が考えたことをグループやクラスで共有し、さらに理解を深める。同じテーマで発表しているが、グループによって視点や取り上げ方が異なることに注目する。

- ポスター発表で知った語彙を使って話すよう促す。

- ポスター発表によって新しく知ったシエラレオネについて考える。

- 時間がなければ、感想を宿題としてもよい。「**6** もっと調べてみよう」と合わせて行ってもよい。

- コラム「質問は難しい？」(p.27)を読むとよい。

- 時間があれば、ポスター発表全体についてふり返ってもよい。

学習者の感想

今回のポスター発表において、私はシエラレオネの女性に関する問題について調べました。男性に割礼という儀式があるのはもともと知識としてありましたが、女性側にもFGMという形で性器を切り取られなければならない通過儀礼があることは初めて知りました。しかし、シエラレオネの方たちにとってはそれが当たり前の風習であるし、文化として根づいてしまっているので、女性側も「NO」の声を出す機会やきっかけはなかなか見つかりにくいのではないかと推測します。(日本語 L1 学生)

p.22

「それぞれが違っていておもしろい」ということを一番強く感じた。ポスターのデザインから発表の主題まで実にさまざまであった。各グループの着眼点が違うことにおもしろさ・楽しさを覚えた。そして、ディスカッションも、みんなの思考や捉え方がそれぞれ違うこと、今この場に多様な価値観が存在する、ということをひしひしと感じた。(日本語 L1 学生)

▼6 もっと調べてみよう

「シエラレオネ」や「貧困」に関する動画を見る

おすすめ教材・準備物

- DVD などの動画
- DL ポートフォリオ「ユニット 3-6」
- 巻末付録「感情語」p.130

活動のねらい・実践ポイント

- ポスター発表だけだと、データからの事実を把握することにとどまりがちだが、シエラレオネや貧困に関する映像を見たりストーリーを読んだりすることで、そこで暮らす人々の実情を知り、感情を揺さぶられる経験をすることが重要。できるだけスキップせずに実施したい活動。

- そこで暮らす人々について、子どもや家族の感情を含めて理解し、知識だけでなく、共感することにより、当事者意識を深める。

- 非当事者としての無力感を感じる学習者もいるが、非当事者として考えることの重要性を伝えられるとよい。

- 映像を見たあとに静かな雰囲気になることが予想される。まず自分の考えや気持ち、体の変化（涙が出る）など自分の内面に起こったことを意識するように伝えた上でワークシートに記入し、ペアやグループで感想を共有し合うとよい。

教師の指示の例：映像を見たあと

「みなさん、映像を見てどうでしたか。どのように感じましたか。涙が出てしまった人もいるかもしれませんね。すぐに話し合うのは難しいかもしれません。どんなところが印象に残ったか、それはどうしてか、自分の気持ちや身体の反応をふり返りながら、まずはワークシートに書いてみてください。」

📓 p.23

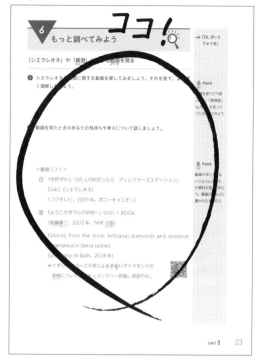

- 最後にシエラレオネについて確認し、次回の授業予告をする。

教師のまとめの例：授業の最後

「シエラレオネという国について、はじめは全然知らないという人が多かったですが、今はもういろいろなことを知りましたね。ユニット４からはシエラレオネでの支援について書かれた本を読んで、シエラレオネでの支援がどのようになされているのか、必要とされる国際支援のあり方とは何かについて考えていきたいと思います。」

自分の心との対話も大切だね。

世界で一番いのちの短い国（1）

国際協力の活動について知る

　ここでは、シエラレオネでの国際協力についての書籍の分担読解を行うと同時に、発表で用いるレジュメの書き方について協働で学びを深めていきます。相手にわかりやすく伝えるにはどう工夫すればよいか、自由に意見を述べ合いながら、よいレジュメ作りへのモチベーションが高められるとよいでしょう。

● 授業の流れ

テキストの活動	目標	活動内容
❶ 話してみよう	【協学・異文化理解】国際協力の活動に興味を持つ。	・「国際協力」「国境なき医師団」について知っていることを話し合う。 ・「はじめに」を読む。
❷ 読んでみよう	【内容】国際協力の現場やしくみについて知る。 【言語】国際協力に関する読み物を読む。	・分担読解について説明する。レジュメの書き方を学ぶことを伝える。 ・読み物１、読み物２の担当を決め、分担読解をする。
❸ 発表資料を作ってみよう	【言語】読んだ内容をもとにポイントがわかりやすいレジュメを作る。 【思考】読み物を読んで重要な情報を取り出して、まとめる。／自分と他の人のレジュメの内容や構成を比べる。／よいレジュメの作り方を理解する。 【協学・異文化理解】レジュメを協力して作る。	・テキスト pp.41-42 のレジュメ例を見ながら、よいレジュメのポイントについて話し合う。 ・レジュメを作る。 ・できたレジュメを他の人と見せ合い、よりよいレジュメに作り替える。
❹ 発表してみよう	【言語】レジュメを使って読み物の内容や自分の考えを簡潔に説明する。	・自分の作成したレジュメを相手に見せながら、内容を説明する。 ・説明を聞いて疑問に思ったことなどを質問する。
❺ 話し合ってみよう	【協学・異文化理解】国際協力の活動に興味を持つ。	・本文を読んで考えたことや感じたことを話し合う。

▼ 1 話してみよう

「国際協力」とは？

おすすめ教材・準備物

- ユニット3で作成したポスター
- シエラレオネの地図や国旗の写真
- 書籍『世界で一番いのちの短い国』（小学館）

活動のねらい・実践ポイント

- 書籍『世界で一番いのちの短い国』の「はじめに」を読んで、国際協力をイメージする。

- ユニット3で学習者が作成したポスターを再度、教室に掲示してその情報をもとにシエラレオネについて確認してもよい。

- 学習者がポスター発表で話したことと、この本に書かれていることの違いについて話してもよい。

  （例）2002年と現在のシエラレオネの平均寿命の違い

- 『世界で一番いのちの短い国』の書籍の実物があれば紹介する。筆者の写真を見せ、文章中の「私」が山本さんであることを確認する。

- テキストに掲載されている前後の箇所も読むとより理解が深まることを伝える。また、本の収益の一部が支援に使われることも伝えるとよい。

- 書籍の第1章の最初を音読して、本の語り口のおもしろさを学習者が体感できるとよい。国際協力の実態をイメージしやすいように、書籍の第1章の初め（筆者が下痢をしてトイレに向かう様子）の場面を教師が朗読してもよい。

Point

これまで調べてきたシエラレオネに日本人医師が支援に行った話の本であることを伝えて、本への興味を高めるのが重要。

p.30

学習者の感想

本を一通り読んで、シエラレオネという国について、国際協力というものについて、そして、トシさんの考え方や文才について知ることができた。内容自体ももちろん興味深いものであったが、それ以上にトシさんの経験談の語り方が非常におもしろく、読みながら楽しくなっていったし、それによりさらに読み進めてみたいという気持ちが強くなっていった。今日の授業で自分の担当箇所について改めて読んだが、読みやすさの理由の一つに流れのスムーズさが挙げられると思う。時系列に沿って、そして、時折笑えるようなネタを挟んで、読み手が飽きないようにしながらも流れで読めるように構成されており、気づいたらページが進んでいた。（日本語L1学生）

▼2 読んでみよう

読み物1、読み物2：シエラレオネでの支援活動

おすすめ教材・準備物

- 内容理解問題（必要に応じて教師作成プリント）（右下の例を参照）

活動のねらい・実践ポイント

- 少し長めの生教材にチャレンジする。レジュメを作成する準備として、読み物を協力して読む。

- 学習者にとって生教材が難しいと思われる場合、内容理解のための問題を作成し、それを先にしてもよい。また、読み物1の担当者同士、読み物2の担当者同士で集まって、内容を確認してもよい。

- 読んだあと、レジュメを作成することを伝えておく。読解にかかる時間は個人差があるため、分担を決めたあと、読解やレジュメ作成は宿題としてもよい。

- 分担は1人で担当してもよいし、ペアを組んで担当してもよい。読んだあとのレジュメの作成の分担方法についても伝えておく。

  （分担の例）
  ペアの場合、＜ア＞と＜イ＞の2つの方法がある。

  ＜ア＞まず1人で読み、そのあとペアで内容を確認しながら読み、レジュメを一緒に作成する。

  ＜イ＞1人で読解とレジュメ作成までを行い、お互いに作成したレジュメを見比べてよいところを採用しながら1つのレジュメにまとめる。

- 読み物が難しい場合、同じくシエラレオネについての話である以下の本も文が平易で、おすすめ。教師は筆者の後藤健二さんについても調べておくとよい。

  後藤健二（2005）『ダイヤモンドより平和がほしい―子ども兵士・ムリアの告白―』汐文社

📖 **p.31**

分担読解：確認問題の例

第2章　さまよう心（1）　前半

① シエラレオネ共和国で難民が増えたのは、どうしてですか。

② 筆者は、MSF（国境なき医師団）からどのような仕事を頼まれていますか。

③ MSFの本部はどこにありますか。主にどのような国が運営していますか。

④ 筆者は、MSFにはいろいろな国の人が関わるべきだと述べています。その理由は何ですか。

第2章　さまよう心（1）　後半

⑤ MSF（国境なき医師団）が政治的に中立を保とうとしているのは、どうしてですか。

⑥ MSFには、どのような特徴がありますか。MSFの活動に対して、どのような意見がありますか。

⑦ 筆者が「国際協力」に興味を持ったきっかけは何ですか。

⑧ 筆者は、どうしてMSFに参加することにしましたか。

▼3 発表資料を作ってみよう

発表テーマ「シエラレオネの国境なき医師団」

おすすめ教材・準備物

- 📖 別冊ポートフォリオ p.6

- 手書きの場合：白紙

- PC で発表資料（レジュメ）を作成する場合は PC

活動のねらい・実践ポイント

- レジュメの作り方を知り、ペアで協力して作成する。

- 📖 pp.41-42のレジュメの例を見せ、よいレジュメのポイントについて話し合う。

    （例）・見出しの書体・強調の方法
    　　　・文を短く簡潔に
    　　　・体言止めにする
    　　　・筆者が言っていることを正確に
    　　　・大切なところを相手がわかりやすいように
    　　　・おもしろいところが伝わるように
    　　　・事実と感想・意見を分ける

- まず白紙に手書きでアウトラインを作る。PCを持ってくるように事前に指示しておき、直接 PC で作成してもよい。

- レジュメをペアやグループで統合したり、教室内で作業する場合には、PC を持参させたり、PC 教室を使用するなどするとよい。

- 長い文章で書かないように指示する。文章で書くと発表のときに読んでしまうためである。

- 同じ読み物を読んだ者同士でレジュメを見比べ、書き方や着眼点の違いについて気づいたことを話すとよい。

- レジュメを作成したら、教師に発表前にメールで送る。その場合、メールの書き方について教示する（📖 p.16 コラム参照）。ペアやグループの場合には代表者のみが教師に送り、CC としてグループメンバーのアドレスを入れるように伝える。教師は事前にフィードバックを行い、授業では修正されたものを使用できるとよい。

📖 p.40

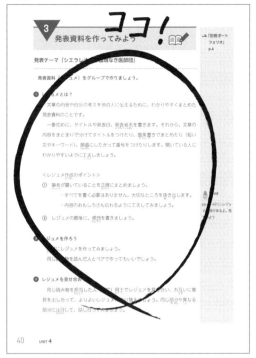

- レジュメのチェックは人数によっては大変かもしれないが、個々への言語的フィードバックのいい機会になることも意識して行うとよい。

オンライン授業の場合

オンラインで行う際には、クラウドストレージでファイルを共有して作成するとよい。

レジュメ作成に関する学習者のふり返り

「私が間違った部分をペアの人が直してくれたので、発表するのに助かった。」

「意見が違って、何回も読んで、何回も考えて、理解が向上した。」

「違う意見を聞いて、新しい考え方を勉強することができる。」

「相手のよいところを見習うことができる。」

4 発表してみよう

レジュメを使った発表

おすすめ教材・準備物

- 作成したレジュメ（配付用）
- 巻末付録「使える表現」p.127

活動のねらい・実践ポイント

- レジュメを作って発表する体験を通して、レジュメや発表の改善点に気づく。

- ここでは、あえて紙で発表することを勧める。紙のほうが全体が見えて、字の大きさや行間のバランス、読みやすいフォントなどに気づきやすい。

- 発表前に同じ文章を読んだ者同士で発表練習をしたり、質問に答える準備を行ったりする時間がとれると、よりスムーズに進められる。

- 発表前に、あとで内容面や形式面についてお互い指摘し合う活動を行うということを学習者に伝えて、他の人の発表を注意深く聞くように意識を高めておくとよい。

- 具体例を示すと聞き手はよりイメージしやすく理解が深まることを伝えておくとよい。

オンライン授業の場合

オンラインの場合には画面共有をして見せながら説明を行うとよい。聞き手もカメラをオンにして顔が見えるようにすると反応がわかって発表しやすい。

Point

国の違いや教師の指導の違いによって、レジュメの作り方が異なる場合がある。テキストの例を参考にしつつ、学習者のやり方も尊重し、どのようなレジュメがわかりやすいか話し合ってもよい。

📖 p.43

＜実践者のつぶやき＞

発表がうまくいっていると感じられたのは、発表者が聞き手に反応しているとき（視線、うなずき、質問に関する情報を補足する、など）、発表者が質問に積極的に答えているとき、笑いや拍手が出たとき、思考の深化がうかがえる質問や発言が出たときでした。

p.43

▼ 5 話し合ってみよう
「シエラレオネの国境なき医師団」の感想と疑問点

活動のねらい・実践ポイント

● 発表の内容について質問を出し合い、理解を深める。他の人のレジュメのよかったところや自分のレジュメの修正したほうがよいところについて話し合う。

● お互いの考えについても聞き合うとよい。質問や意見が出にくいときは、まずペアや小さいグループで話し合ってから全体で話すとよい。

● 質問には知っていればすぐに答えられる簡単なものから、相手の考えを要求する深いものまでさまざまな幅があり、まずは簡単な質問でよいので、質問してみることを奨励する。

実際にクラスで出た質問の例

読み物 1

・MSF は医療関係者以外も参加できるか。

・MSF にはどんな人が参加しているのか。

・トシさんは、MSF のことをどう思っているのか。

・トシさんは、MSF に参加したことは後悔していないのか。

・NGO とは何か。

読み物 2

・MSF は政治的な中立性を保てるのか。

・MSF は医療支援だけをするが、食糧支援なども必要ではないか。

・MSF はどのようにして現地の悲惨な状況を国際社会に訴えているのか。

・MSF は急性疾患の患者だけを治療するだけでよいのか。

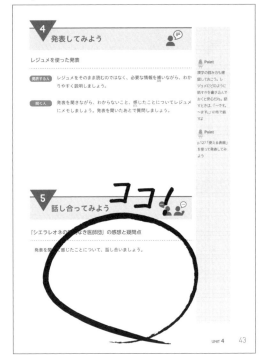

● 教師からの肯定的なフィードバックや、学習者の様子への気づきも伝えるとよい。

教師のフィードバックの例

「詳しく発表してくれてよかったです。会話のところはまとめるのが大変かと思いますが、現場の様子を伝える具体例を何か一つでも示してもらえると聞き手がイメージしやすいかなと思いました。」

「みんなメモを取りながら聞いたり、うんうんとうなずいて聞けていたのがよかったなと思いました。」

「質問もよく聞けていましたし、よく読んできていたので、質問にも適切に答えられていたと思いました。」

世界で一番いのちの短い国（2）

国際協力の活動について知る

　ここでは、シエラレオネについての分担読解をさらに進めながら、グループで発表を行います。内容についてのディスカッションをすることで、国際協力のあり方について考えます。役割分担をしたり、積極的に質問したりするなど、自分たちで責任を持って発表や議論を進められるように支援するとよいでしょう。

◉ 授業の流れ

テキストの活動	目標	活動内容
1 話してみよう	【思考】よい発表のしかたについて理解する。	・グループでよい発表、よいレジュメとはどのようなものかを話し合う。
2 読んでみよう	【内容】国際協力の現場やしくみについて知る。 【言語】国際協力に関する読み物を読む。／読んだ内容をもとにポイントがわかりやすいレジュメを作る。 【思考】国際協力の現場やしくみに関する情報を整理する。 【協学・異文化理解】発表の準備を協力して行う。	・読み物３、読み物４、読み物５の担当を決め、分担読解をする。 ・レジュメを作成する。
3 発表してみよう	【言語】レジュメを使って読み物の内容や自分の考えを簡潔に説明する。 【協学・異文化理解】発表の準備を協力して行う。	・作成したレジュメを使って発表し、質疑応答をする。 ・グループで役割分担をする。
4 評価してみよう	【思考】自分と他の人の読み方や発表方法を比べる。	・発表後に自己評価、他者評価をする。
5 話し合ってみよう	【思考】よい発表のしかたについて理解する。／他の人の発表を聞いて疑問点やもっとくわしく知りたいことを考える。 【協学・異文化理解】他の人の説明のわかりやすさについてコメントする。／国際協力の活動と課題について考える。	・よい発表とは何かについてもう一度考え、発表のしかたについてコメントする。 ・読み物の内容について質問したり、考えたことや感じたことを話し合ったりする。
6 もっと調べてみよう	【内容】国際協力の現場やしくみについて知る。 【協学・異文化理解】国際協力の活動と課題について考える。	・シエラレオネ以外の国や地域について、国際協力の活動や課題について調べる。

63

▼ 1 話してみよう

「よい発表」とは？　「よい発表資料」とは？

おすすめ教材・準備物

● ユニット4で作成したレジュメ

活動のねらい・実践ポイント

● よい発表・よい発表資料の要件をたくさん出し合って、発表のしかたや構成について理解する。

● 「よい発表とは」についてキーワードで自由に書き出してから話してもよい。

● 同時によい聞き手とはどのようなものかについても確認しておくと、あとの活動がスムーズになる。（　p.102参照）

● 発表資料（レジュメ）に関しては、p.50のクリルンのことばを参考にするとよい。pp.41-42のレジュメの例を見ながら再度、口頭で確認してもよい。

実際に学習者から出た意見

よい発表とは？

・伝えたいことがはっきりしている発表。

・背景知識のない人でもわかりやすい説明。

・内容は難しくても、発表者の説明を通して聞き手が新しい知識を得られる発表。

・話し手が一方的に話すだけでなく、聞き手に質問をしたりして考えさせる。

・ちょっとユーモアがあるもの。（あんまり堅苦しすぎるのはつまらないと思う）

・声の大きさや話すスピードが適切であること。

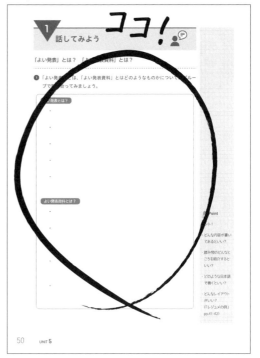

p.50

よい発表資料とは？

・大切なところや印象に残ったところを中心にまとめる。

・構成がしっかりしていてわかりやすい。

・筆者が伝えたい内容のポイントが押さえられている。

・レイアウトが見やすい。

・本の説明と自分の考えを混ぜない。

▼ 2 読んでみよう

読み物 3、読み物 4、読み物 5：支援活動の難しさ

📄 p.51

■ おすすめ教材・準備物

● 白紙

● PC でレジュメを作成する場合は PC

■ 活動のねらい・実践ポイント

● 読み物を分担して読んで情報を整理し、ポイントがわかりやすいレジュメを作成する。

● ユニット 4 と同様、分担は 1 人ずつ担当してもよいし、ペアで 1 つの読み物を担当してもよい。

● 学習者にとって生教材が難しいと思われる場合は、読み物の文章をさらに分割して担当できるようにし、学習者の負担を減らすとよい。

● 目安となる発表時間を先に伝えるとよい（発表 10 〜 15 分　質疑応答 3 〜 5 分）。

● 各グループで違う読み物を読んでいるので、読んだことがない人にも内容が理解できるような資料を作るように伝える。

■ オンライン授業の場合

> オンライン授業の場合は、1 つのファイルをペアと教師でクラウドストレージで共有して編集するとよい。

■ 言語面のサポート例

● 各ペアにアドバイスしながら、クラス全体に伝えたほうがいいこと（レイアウト、文体、文の長さ、など）を取り上げ、クラス全体にフィードバックするとよい。

● レジュメに書かれている漢字が読みにくい場合には確認しておき、発表のときに読めないことがないように準備する。

● 難しい読み方には、レジュメにルビをふっておくとよい。

■ 読み間違いやすい漢字の例

> 血液（けつえき）
>
> 蚊帳（かや）
>
> 裁縫（さいほう）
>
> 懺悔室（ざんげしつ）
>
> 割礼（かつれい）

> ふだん使わない語彙は、日本語 L 1 話者でもわからなかったり、読めないことがあるよ。

▼3 発表してみよう

レジュメを使った発表と質問

おすすめ教材・準備物

- 作成したレジュメ（配付用）
- 📓 別冊ポートフォリオ p.7
- DL ポートフォリオ「ユニット 5-3」
- 📓 巻末付録「使える表現」p.127

活動のねらい・実践ポイント

- レジュメを使って発表して内容や自分の考えを簡潔に説明する。発表での役割分担を体験する。

- 目安となる発表時間をもう一度確認するといい（発表 10 〜 15 分　質疑応答 3 〜 5 分）。

- 指定された時間内に発表が収まるように、事前に練習をしてくるように指示する。

- 活動を活性化させるために、タイムキーパー、書記、司会者などを聞き手から選ぶとよい。書記シート（📓 別冊ポートフォリオ p.7）を使い、質問内容やコメントを記録するようにするとよい。

- グループの進捗時間を同じにする必要がある場合は、教師や学習者が全体のタイムキーパーを行う。その際はベルやアラームを使用するとよい。

- 以下のようにジグソー活動による分担読解に発展させてもよい。

ジグソー活動の例

［読み物 3　読解・レジュメ作り］
　　A さん、B さん

［読み物 4　読解・レジュメ作り］
　　C さん、D さん

［読み物 5　読解・レジュメ作り］
　　E さん、F さん

→「A さん・C さん・E さん」、「B さん・D さん・F さん」でグループになり、読み物 3 〜読み物 5 を説明し合う。

📓 p.72

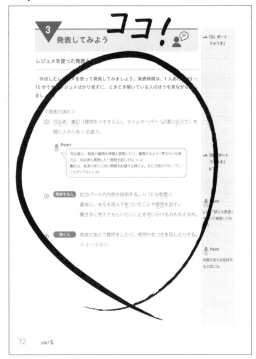

- 発表者は、会話や文章の一部を引用したり、写真を見せたりするのもよい。また、文章を読んで気づいたことや感想を話し、聞き手に問いかけたりするとよい。

- 発表者はレジュメばかりを見ずに顔を上げて聞き手に伝えるように話す。難しいことばや前の章との関連についても補足して話せるとよい。

- 聞き手がうなずいたりアイコンタクトをとったりすると、活動が活性化しやすい。発表後、さらに知りたいことや疑問点について質問をすることで、周りの人たちの理解度も深まる。同時に、聞き手の感想や気づきについて話してもよい。

学習者の感想

> レジュメづくりは今まで数回しかやったことがなかったので、改めて「→」や「＝」といった記号の使い方や体裁の整え方など、他のメンバーのレジュメから参考にしたいところを見つけることができてよかったです。

言語面のサポート例

● 教師は内容面だけではなく、言語面も意識して、いくつか気になる点について、フィードバックを与えるようにする。

アクセントや発音
  ・筆者：「ひしゃ」⇒「ひっしゃ」
  ・迷信：「めいし」⇒「めいしん」）

表現のニュアンス
  ・「手を出す」⇒「手を差し伸べる」

文法
  ・「病気になったら治せない」
        ⇒「病気になっても治せない」
  ・「いろいろなところを回して」
        ⇒「いろいろなところを回って」
  ・「くわしい<u>のこと</u>」「仲良くなる<u>のために</u>」
   「子どもが生まれた<u>のときに</u>」など
        ⇒かたまりで捉えていることによる「の」の過剰使用

語彙の導入
  ・「腹を切って子どもを出す手術？」
        ⇒「帝王切開」

教師のフィードバックの例

「質問がとてもよかったです。話の内容が深まって、細かいところまで理解できました。」

「『血液』を『ちえき』と読んでいましたが、『けつえき』ですね。」

実際にクラスで出た質問の例
（テキスト掲載以外の部分も含む）

「本当に MSF は中立性を保つことはできるのか。」

「組織が大きくなると多様化して分裂するのではないか。」

「MSF の５つの団体はどのような関係にあるのか。協力体制はあるのか。」

「内戦が始まっても、医師や教師は国外に逃げるべきではないのではないか。」

「MFS の活動に医療のみという独自性を打ち出すのはなぜか。」

「国際協力は自己満足ではいけないのか。」

「『急疾患』の定義はどのようなものであるのか。」

＜実践者のつぶやき＞
書記が「医療事故」という漢字が書けないときにみんなが教え合って書くなど、言語面の学びも協働できるようになってきました。

▼ **4**
評価してみよう
発表を評価し合う

おすすめ教材・準備物

● 📓 別冊ポートフォリオ pp.8-10

活動のねらい・実践ポイント

● 学習者が発表を評価することで、お互いの発表のよいところや改善点に気づく。

● 何のために評価をするかということを事前に確認しておく。

● できれば、記憶が鮮明な各発表直後に評価するのが望ましい。難しい場合には、すべての発表が終わってから評価してもよい。点数だけではなく、必ずよかった点を書き、改善点がある場合にはアドバイスを加える。

● 他者評価のシートはあとで発表者に渡し、次回の発表の際の参考とするように伝える。

● 📓 別冊ポートフォリオの「筆者が伝えたいと思っている点（重要な点）」をまとめる作業が難しい場合は、活動の最後に学習者数名にポイントだと思われるところを自由に発言してもらい、それを教師が口頭でまとめて、そのあとに書くようにするとよい。

まとめのポイントの例

・戦争の残酷さ

・シエラレオネの歴史と現状

・持続可能な医療の大切さ

・押し付けではない援助の重要性

・国際支援の問題点

・現地の視線で考える必要性

・しくみ作りの難しさと大切さ

・人間関係の難しさ

・教育の大切さ

📖 **p.73**

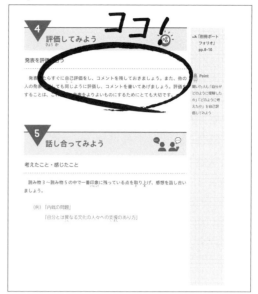

実際に学習者から出た他者評価の例

「資料がわかりやすくまとめられており、レジュメだけで全体像が理解できた。アイコンタクトなども適度にあった。」

「説明の合間に発表者のちょっとした感想が入っていたり、レジュメをただ読んでいるのではなく、レジュメにないところの補足やより詳しい説明をしたりなど、非常にわかりやすい発表だった。」

「著者の意見なのか事実なのかを区別できるようにしておくとさらによいと思った。」

＜実践者のつぶやき＞
学習者が他の学習者の発表を点数で評価することを躊躇して、全部5点（満点）をつけてしまうことがあります。その場合、評価の前に教師が「よかったら4点を基準にして評価してください。すごくよかったところを5点にしてください、少し足りないと思ったら3点にしてください」と言っておくと、評価にメリハリがついて、よいところや足りないところがわかりやすくなります。

5 話し合ってみよう

考えたこと・感じたこと

📖 **p.73**

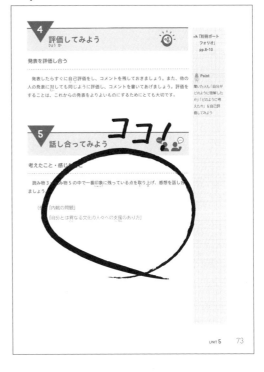

おすすめ教材・準備物

● 📖 巻末付録「使える表現」p.124

活動のねらい・実践ポイント

● 要点を確認して筆者の考えを掘り下げ、筆者の考えに対して自分はどう思うのかを考える。

● 思考の深まりにつながるような質問を教師から投げかける。

教師からの質問の例

・筆者が国際協力は自己満足ではないかと悩んだが、皆はどう考えるか。

・医療以前に食料や飲料水を配布すべきケースが多いにもかかわらず、MSF がそれをしない方針についてどう考えるか。

・中立性を保つということについてどう考えるか。

・筆者は、「少年兵」というネーミングでは「女の子も兵隊になっている」という事実が見えなくなるため「子ども兵」と言うべきだと述べている。このようにネーミングによって見えなくなっているような例は他にないか。

・筆者が MSF の活動に対して疑問を持っている点は何か。それはどうしてか。

・異文化を理解するというのはどういうことか。

・現地の風習と現在の医学の考えとのバランスについてどう考えるか。

・「ことばの力」についてどう考えるか。

実際に学習者から出た意見

「割礼について意味のない悪い風習と思うかもしれないが、日本や中国にも、今の私たちには理解しにくい風習があった。」

「"未来につなげるシステムづくり"や"現地の文化の尊重"や"対等な人間として接する"が一貫して書かれていて、国際協力のあり方について考えさせられた。」

＜実践者のつぶやき＞

この段階にきて、学習者がクリティカルに考え、自分の意見を出せるようになったことで、クラス全体の対話が以前よりも深まったように感じました。

6 もっと調べてみよう

世界の今

活動のねらい・実践ポイント

- シエラレオネ以外の国や地域について調べ、国際協力の現場やしくみについて知る。自分の国にどのような課題があるか、調べてもよい。

- 新聞やインターネットから関心のある国や地域を挙げ、関心のある国を選んで分担し、情報を共有する。

- 話題については、貧困に関係する内容とするか自由なテーマとするかについてあらかじめ決めておく。

- 調べる前に、世界で起こっている問題について自由に話す時間を設けて、それぞれがどのようなことに関心を持っているのかを知るとよい。

- 特に自国について話したいことがある学習者がいる場合は、時間をとってその学習者の国の課題について話し合ってもよい。

- この活動は、ユニット6の活動（社会起業家について調べる）に組み込んでもよい。

> ＜実践者のつぶやき＞
> スマートフォンでおすすめされる限られた情報（ニュースやSNS）しか読んでおらず、人によって持っている情報に差があってびっくりすることもあります。
> 一方で、教師の知らないことを学習者が教えてくれることもあります。

📖 **p.74**

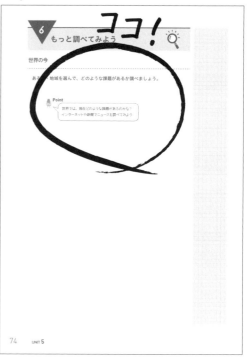

学習者の感想

私たちは相手のことを評価する際に、自分の価値観や経験、行動基準と照らし合わせただけで良し悪しを決めてしまいがちです。かく言う私も弟や妹がほめられない行動をしたときによく反射的に叱ってしまうことが多々あります。しかし、これでは相手の行動要因を正確に踏まえられていないため、的外れな評価になってしまい、本質的な解決につながらないことも少なくありません。相手はなぜこのように行動したのか、なぜこのような行動をしがちなのか、その背景・要因まで考えを巡らせた上で評価を下すべきなのではないか、と考えています。そして、この「背景・要因まで考える」という姿勢は、トシさんの「現地の文化・風習の尊重」に相通じるところがあると思います。トシさんの掲げたポイントはなにも国際協力の場面にしか通用しないものではなく、もっと普遍性・汎用性のあるものであると考えた次第です。（日本語L1学生）

社会起業家の取り組み(1)

貧困を解決するために

ここではまず、社会起業家とは何かについて理解し、これから行う分担読解や発表の準備をします。自分たちの興味に応じて資料を選び、クリティカルな視点を持ちながら分担読解を進めます。また、読んだ資料に関連して、より深く考えたい点については、ディスカッション・ポイントとしてまとめます。

社会起業家がこの活動をするようになったきっかけや、その人の生い立ち、人生、考え方などに触れながら、実務的な部分の苦労や工夫などを知り、社会起業家とその活動について、学んでいきます。

◉ 授業の流れ

テキストの活動	目標	活動内容
▼ 1 話してみよう	【協学・異文化理解】社会起業家の活動に興味を持つ。	・社会起業家、フェアトレードについて、知っていることを話し合う。
▼ 2 発表の準備をしてみよう	【協学・異文化理解】発表のための資料収集を協力して行う。	・発表のテーマと資料を選ぶ。
▼ 3 クリティカルに読んでみよう	【内容】社会起業家の活動を知る。 【言語】社会起業家の活動に関する資料を読む。 【思考】ディスカッション・ポイントを見つける。	・批判的な視点を持ちながら、資料を読む。
▼ 4 資料を読んでまとめてみよう	【言語】読んだ内容をまとめる。 【思考】資料を読んで重要な情報を取り出し、まとめる／ディスカッション・ポイントを見つける。	・資料で紹介されている活動の内容をまとめる。 ・ディスカッション・ポイントを決める。
▼ 5 発表の計画を立ててみよう	【思考】発表準備の計画を立てる。	・発表日までの計画を立て、分担を決める。

71

1 話してみよう

「社会起業家」とは？

おすすめ教材・準備物

● 『おしゃれなエコが世界を救う』（日経 BP 社）で紹介されているフェアトレード商品の店（People Tree）のウェブサイト。 p.86 の QR コードから閲覧することもできる。

● フェアトレードの商品
（例）チョコレート、服

活動のねらい・実践ポイント

● 社会起業家について知っていることを話し、書籍『おしゃれなエコが世界を救う』の冒頭を読んで社会起業家とはどのようなことをする人かイメージする。

● 「社会起業家」「ソーシャル・ビジネス」などについて、知っていることをペアやグループで話し、クラスで共有する。

● 「起業家」と「社会起業家」はどう違うかについて話し合ってもよい。「社会企業家」と聞いて社会問題をビジネスにするのはよくないことだと考える学習者もいる。このような問題意識は、その場で否定せず、発表のあとのディスカッション・ポイントにつなげることもできる。

● 社会起業家の活動を知ることの意義について教師から学習者に説明し、動機づけをするとよい。

● 本を読む前に「オプションユニット」をするのもおすすめ。ゲスト・スピーカーから話を聞くことで、本を読む意欲が高まる学習者もいる。また、学校や会社で行われている活動（例：TABLE FOR TWO、 p.87）や社会活動に関わるサークルなどを紹介することで、テーマを身近に感じる学習者もいる。

pp.84-85

（テキストをご覧ください）

＜実践者のつぶやき①＞
フェアトレード商品の値段を見て、「高すぎる」「自分は買わない」という感想を持つ学習者もいましたが、その学習者の感想をもとに「商品の適正な値段（価値）とはどのようなものか」を考えるきっかけにすることができました。

＜実践者のつぶやき②＞
TABLE FOR TWO（テキスト p.87）の活動として、学食でローカロリーの食事が提供されていたので、授業で紹介しました。学食でその食事を食べたという学習者に感想を話してもらったところ、他の学習者も興味を持って食べに行っていました（ちなみに、ローカロリーなので若者にはちょっと物足りなかったようです）。

▼ **2** 発表の準備をしてみよう

発表のテーマを選ぶ

おすすめ教材・準備物

- 📖 付録「ユニット6読解資料」pp.131-158

- テキストで紹介している本の実物

- テキストで紹介されている社会起業家以外の
人の本や新聞記事、HP など

活動のねらい・実践ポイント

- 社会起業家の活動を知ることを目的に、自分
たちの興味に応じて書籍を選ぶ。

- 本を読む前に、生教材を読むこと、本を1冊
読むことにチャレンジすることを伝えて、動
機づけをするとよい。

- ペアやグループで読みたい本を決める。📖 pp.86-
88 に掲載した本については、テキストや著者
のウェブサイト（テキストの QR コードから
アクセスできる）を使って、教師が本の概要や
言語的難易度を簡単に説明し、学習者が興味を
持った本を選ぶこともできる。

- 相対的貧困など日本の貧困問題の解決に関する
書籍を選んでもよい。（右下の「テキスト掲載
以外の書籍」参照）

- 学習者の言語レベルや授業時間の関係から、本
を1冊すべて読むのが難しい場合は、数章に絞っ
て読むように指示することもできる。📖 pp.86-
88 に掲載した本については、それぞれのおすす
めの章が記載してある。

- 自分の国の状況や自国の団体の活動について紹
介したい場合には、できるだけ希望に沿って、
自分たちで調べた資料（書籍、ウェブサイトなど）
を使うなどして発表できるようにするとよい。

＜実践者のつぶやき＞
初めて教科書以外の日本語の本を買ったという
声も多かったです。あえて自分で買って書き込
みをしたいという学習者もいて驚きました。

📖 **pp.86-88**

言語面のサポート例

- 日本語の書籍を読むのが難しい場合は、日本
語以外でも学習者が習熟している言語で書か
れた本を探し、日本語で内容をまとめる活動
にしてもよい（📖 pp.86-88 に掲載した書籍
の中には、複数言語で出版されているものも
ある）。

テキスト掲載以外の書籍

- ・『子どもたちに学びの場を「無料塾」の挑
戦』皐月秀起（2019 年、幻冬舎）

- ・『グーグル、ディズニーよりも働きたい「教
室」』松田悠介（2013 年、ダイヤモンド社）

- ・『「最高の授業」を世界の果てまで届けよ
う』税所篤快（2013 年、飛鳥新社）

- ・『つながり続ける　こども食堂』湯浅誠
（2021 年、中央公論新社）

- ・『裸でも生きる ― 25 歳女性起業家の号泣
戦記 ―』山口絵理子（2015 年、講談社）

▼**3** クリティカルに読んでみよう

「クリティカルな思考」とは？

おすすめ教材・準備物

● DL ポートフォリオ「マイ単語帳」
（読みながら覚えたい単語をまとめる）

活動のねらい・実践ポイント

● 本を読み、ディスカッション・ポイントを考えることで、貧困問題の解決方法に関する自分たちの意見や疑問点などを整理する。

● 本で取り上げられている活動が完璧だとは限らないこと、課題やデメリットがあるかもしれないことなど、クリティカル（批判的）な視点を持ちながら読む必要があることを確認する。

●「クリティカルに」というのは相手の話を非難することではない。与えられた情報をそのまま受け入れるのではなく、「本当にそうなのか？」と疑問を持って、よりよい判断や結論が導き出せるようにするための考え方だと伝える。

●「▼**4** 資料を読んでまとめてみよう」では、他の人と話し合いたいこと（ディスカッション・ポイント）を考えるが、学習者によっては、ディスカッション・ポイントが思いつかないという人もいる。「**3** クリティカルに読んでみよう」で本を読む際に、疑問に思ったことや自分の考えとは異なる部分について、メモしながら読むように指示すると、あとで、ディスカッション・ポイントを考える際にも参考になる。

Point

社会起業家の本を読むと、「とてもすばらしいことだ」と全面的に賞賛する学習者もいれば、逆に「こんなことができるのは特別な人だけだ」「こんな活動をしたって、貧困問題の解決にはならない」と、否定的に捉える学習者もいる。どちらかの立場に偏るのではなく、その活動のよい点と課題の両方を読み取るよう、促すとよい。

📖 **p.88**

感想からクリティカルな考えへつながる流れ

NPO や NGO で働くと、給料が安いので自分は嫌です。無理です。

↓

NPO や NGO の給料って本当に安いのだろうか。

↓

NPO や NGO では、職員の給料をどのように確保しているのだろう。

↓

NPO や NGO では、職員の給与や人件費を安定的に確保するために、どのようなシステムが必要だろうか。

4 資料を読んでまとめてみよう
ディスカッション・ポイント

おすすめ教材・準備物

- 📘 別冊ポートフォリオ pp.11-12

活動のねらい・実践ポイント

- 本を読み、ディスカッション・ポイントを考えることで、貧困問題の解決方法に関する自分たちの意見や疑問点などを整理する。

- スライドを作る前にワークシートを使って、本の内容をまとめる。この活動は宿題にしてもよい。

- 著者の活動を理解するため、書籍以外にウェブサイトを参考にしてもいい。

- 学習者によっては「ディスカッション・ポイント」とは何かがうまく理解できない場合もある。全員が同じ意見になりがちな質問や単なる感想は、ディスカッション・ポイントとして適切ではないため、事前に教師がチェックしたほうがよい。

[**全員が同じ意見になりがちなディスカッション・ポイントの例**]

「政府は貧困を減らすための政策をもっと実施するべきだと思うか。」

「学生にとってフェアトレードの商品は高いと思うか。」

[**ディスカッション・ポイントではなく、単なる感想や意見を述べた例**]

「社会起業家の活動はとてもすばらしいと思いますが、みなさんも応援したいと思いますか。」

「相対的貧困よりも絶対的貧困の人を先に支援するべきだと思う。」

➡ ただし、このような感想や意見からディスカッション・ポイントに発展することもある。

> いいディスカッション・ポイントが出るといいね。

📘 p.89

ココ!

Point

これまでに学んできたことをもとに、実際に教師が何かディスカッション・ポイントを設定し、話し合ってみるとイメージしやすい。

ディスカッション・ポイントの例

※本の数字はテキスト pp.86-88 で紹介した書籍の番号

📖① 📖② ：日本でフェアトレードの商品の認知度を上げるためには、どのようにすればよいか。

📖③ ：将来、社会起業家になりたい場合、どのような準備が必要か。

📖④ ：オンライン教育を導入した場合、教室での教育は必要ないと思うか。

📖④ 📖⑤ ：自分の国に教育格差はあるか。格差をなくすためには何が必要か。

📖⑥ ：マイクロクレジットは、先進国でも必要だと思うか。

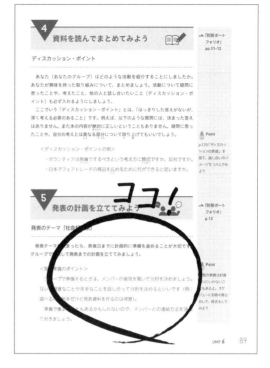

p.89

▼5 発表の計画を立ててみよう

発表のテーマ「社会起業家」

おすすめ教材・準備物

● 別冊ポートフォリオ p.13

活動のねらい・実践ポイント

● 計画的に発表の準備ができるよう、スケジュールを考える。

● クラス内に複数の発表グループがいる場合は、グループによって発表日が異なる可能性がある。クラスの中で発表日程を決めておき、それに合わせて、グループで発表スケジュールを決める。

● 教師が各グループの発表準備の進み具合によって、発表の順番を調整してもよい。

● 発表時間によっても、スライドの量や準備にかかる時間が異なるため、発表と質疑応答、ディスカッションの時間について、あらかじめ教師から学習者に伝えておく。

● 発表準備のスケジュールを立て（ 別冊ポートフォリオ p.13）、計画的に進められそうかを教師がチェックし、必要な際にはアドバイスをする。

● 発表準備は、授業内で行ってもよいし、授業外の課題としてもよい。授業外で準備をする場合に備えて、グループ内でメンバーの連絡先を確認しておくとよい。

● 教師は、準備や発表の負担が特定の学習者に偏らないように注意する。また、発表の際は、1人だけが発表するのではなく、グループのメンバー全員が必ず1回は話すように伝える。

Point

なかなかスケジュール通りに発表準備が進まない場合も多い。教師は発表日程に間に合うように、準備の進捗状況を見守り、必要に応じて準備の期間や発表日程、発表グループの順番を調整する。

＜実践者のつぶやき＞

発表準備（書籍を読む）の期間が長く必要な場合は、各自が読む書籍の担当だけは早めに決めておいたり、準備期間に「オプションユニット」（ゲスト・スピーカーの話を聞く）の授業を挟むことで読む期間をとったりするとよいと思います。また、授業回数や学習者の人数によって発表回数を調整することもできます。

無理なく発表の準備を進めていけるようサポートできるといいね。

社会起業家の取り組み(2)

貧困を解決するために

ここでは、自分たちで調べた社会起業家の活動についてスライドを作り、発表の練習をします。効果的な発表とはどのようなものか、内容の構成、スライドのデザイン、発表のしかたなどについて具体的に考えた上で、それらを意識しながら発表の練習をしていきます。

自分たちが調べた社会起業家とその活動を他の人たちにも興味を持ってもらえるように伝え、自分たちが考えたことや疑問をクラスで共有し、さらに深めていけるよう準備をすすめていきます。

◉ 授業の流れ

テキストの活動	目標	活動内容
1 話してみよう	【思考】発表の評価について考える。	・よい発表の条件について話し合う。 ・発表の評価項目を決め、評価シートを作成する。
2 発表スライドを作ってみよう	【内容】社会起業家の活動や課題を知る。 【言語】社会起業家の活動に関する資料を読む。/読んだ内容をまとめてスライドを作る。 【思考】ディスカッション・ポイントを考える。 【協学・異文化理解】スライドを協力して作る。/社会問題を解決する方法を考える。	・よいスライドの条件について話し合う。 ・発表スライドを作成する。 ・ディスカッション・ポイントを考える。
3 発表の練習をしてみよう	【言語】読んだ内容についてスライドを使って説明する。	・発表の評価シートを活用しながら、発表の練習をする。

77

1 話してみよう

評価項目を考える

おすすめ教材・準備物

- 📖 別冊ポートフォリオ pp.14-15

活動のねらい・実践ポイント

- ペアやグループでよい発表とはどのようなものか、発表を評価するときのポイント（評価項目）を考える。コラム（📖 p.100）も参照する。

- ユニット3（ポスター発表）、ユニット4・ユニット5（レジュメを使った発表）で行った発表活動を思い出しながら、よい発表や評価の観点を考えるように伝えるとよい。

- グループから出た評価項目をクラス全体で共有する。教師は類似のものをまとめて、クラス全体で最終的な評価項目を決める。それをもとに評価シート（📖 別冊ポートフォリオ pp.14-15）を作成する。

- 自分たちで決めた評価項目を意識して、発表準備を進めることを伝える。

▼クラスで評価項目を作成した際の板書の例

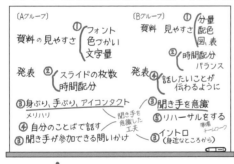

[評価項目の例]
①スライドの見やすさ
②時間配分
③聞き手を意識した創意工夫
④自分のことばで話す
⑤準備・チームワーク

- 授業時間が足りない場合は、評価シートの作成を省略する。その場合、評価シートは教師が作成して、評価のポイントを学習者に伝えて、それに気をつけて準備するように指示する。教師が評価シートを作成する場合は、DL ポートフォリオ［評価シート例］を参照してもよい。

📖 p.96

評価項目の例

発表資料について

・発表全体の流れ（構成）がわかりやすい。

・筆者の主張、活動内容がよくわかる。

・発表者が話し合いたいこと、伝えたいことがよくわかる。

発表のしかたについて

・適切な文法、語彙・表現を使って話すことができている。

・適切な声の大きさ、スピードで話すことができている。

・聞きやすい発音で話すことができている。

・聞いている人の顔や目を見ながら、話すことができている。

2 発表スライドを作ってみよう

「よい発表スライド」とは？

活動のねらい・実践ポイント

● 「よい発表スライド」とは、どのようなものかを考え、スライドの構成を決める。

①

● 📖 p.97 のスライド A と B を比較しながら話し合う。（B がよい例）

〈📖 p.97：スライド A・B の違い　例〉
 ・文字の大きさ
 ・フォントの形式、統一感
 ・文章か箇条書きか
 ・わかりやすいデザイン
 　（例：フェアトレード認証ラベルの提示）
 ・出典の有無

● 「▼ 話してみよう」で作成した発表の評価項目について触れながら、発表スライドを作る上での注意点を話し合ってもよい。

②

● 📖 p.98 を見ながらスライドの基本的な構成を確認し、教師が注意点を伝える。

● スライドは基本的に、発表時間 1 分につき 1 枚を目安に作らせるとよい。表紙や写真のみのスライドはその限りではない。

● スライドの構成や枚数、デザインは自分たちで変えてもよいが、以下の項目は必ず含めるように伝える。

　・発表のタイトル
　・発表者の名前
　・本のタイトルと著者の経歴
　・著者の活動内容
　・本を読んで感じたこと
　・ディスカッション・ポイント
　・参考文献

● グループ内で別々に作業して、あとでスライドを合体させる場合があるが、デザインや文字のフォントがバラバラで見にくいことが多い。発表グループでスライドに統一感が出るように教師がアドバイスする。

📖 pp.97-99

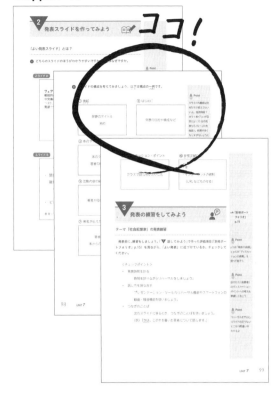

言語面のサポート例

● 文字ばかりでなく、写真やデータを含めると見る人がひき付けられる。

● 発表スライドの最初に、キーワードや専門用語を学習者の L1 や媒介語で説明してもよい。

スライド作成の注意点の例

・スライドを作り始める前に、まず、スライドの構成を考える。

・スライドのデザインは統一する。

・スライドの文字は見やすい大きさにする。28 ポイント以上がよい。

・スライドは文章を書くのではなく、大事な点を箇条書きにする。

・出典を忘れずに掲載する。

▼ **3** 発表の練習をしてみよう
テーマ「社会起業家」の発表練習

おすすめ教材・準備物

- 📘 別冊ポートフォリオ p.15
- 📘 巻末付録「発表の表現」p.128
- 📘 巻末付録「ディスカッションの表現」p.129
  （「自分の意見を話すときの表現」を参考に）

活動のねらい・実践ポイント

- 「▼ 話してみよう」で考えた「よい発表」の条件を意識しながら、授業内や授業外で発表練習をする。

- できれば発表前に教師がスライドのデザインや日本語についてチェックする機会を設ける。

- 授業外で教師が会ってチェックする場合は、事前に日時を約束しておくように伝える。グループ全員が来られない場合は、代表者だけでもよい。

- 教師にメールで発表資料を送る場合は、メールの書き方に注意するように伝える。コラム「メールで添付資料を送ってみよう」（📘 p.16）を参照するとよい。

- スマートフォンの録画・録音機能を使ったり、鏡に向かって話したりして、事前に自分の発表をチェックするように伝える。発表時間を必ず計っておくようにする。

- 発表原稿を読むのではなく、聞いている人の顔を見ながら話すのが大切であること、それを意識して練習しておくことを伝える。

言語面のサポート例

- 発表練習の際は、「▼ 話してみよう」で作った評価項目を見ながら、「よい発表」に近づけているか、自分たちでチェックさせる。

- 学習者の中には、本の中の専門用語をそのまま（説明なしに）発表に盛り込んでしまう人もいる。初めてその内容を聞く人でも理解しやすいように、説明をつけ加えるか、より一般的な表現に変えて発表するように伝えるとよい。

📘 **p.99**

- 発表の中の自分の担当の部分だけ練習する学習者もいるが、他の発表者との話のつながりがわかりにくくなる場合がある。発表全体の流れがわかりやすくなるよう、接続詞などの使い方を意識して練習するように伝えるとよい。

（つなぎのことばの例）

- 「次に、○○さんが～について発表します。」

- 「ここまでの発表では～について説明しました。続いて、～についてお話しします。」

オンライン授業の場合

> オンライン会議システムの参加者をグループ分けできる機能を使い、各グループに分かれて練習する。教師は、ウェブ上で各部屋を回り、グループごとに発表のアドバイスをする。

🐦 Point

発表スライドのデザインに凝りすぎて、発表練習のほうには十分な時間をかけることができない学習者もいる。発表練習にも十分な時間が割けるよう、教師が準備の進捗具合を見ながらアドバイスするとよい。

社会起業家の取り組み（3）

貧困を解決するために

ここでは、ユニット 6、ユニット 7 で準備したスライドを使いながら発表します。また、発表を聞くときの態度など、よい聞き手とはどのようなものかについても考えます。発表の際、相手にわかりやすく伝えるためにはどう工夫したらいいか、自分や他の人の発表を評価しながら、もう一度考えます。また、他の人の発表を聞いて質問やディスカッションをすることで、社会起業家の活動とその課題についてより深く考えていきます。

◉ 授業の流れ

テキストの活動	目標	活動内容
▼ 1 話してみよう	【言語】他の人の発表を聞いて質問する。	・よい聞き手について話し合う。
▼ 2 発表してみよう・聞いてみよう	【内容】社会起業家の活動についてクリティカルに考える。 【言語】読んだ内容についてスライドを使って説明する。／他の人の発表を聞いて質問する。／自分の意見を主張する。 【思考】社会起業家の活動のよい点や課題を考える。 【協学・異文化理解】発表を聞いて他の人の価値観を知る。／社会起業家の活動と課題に関心を持つ。	・他の人の発表を聞いて、社会起業家についてわかったことをまとめる。 ・疑問点を発表者に質問する。 ・ディスカッション・ポイントについて話し合う。
▼ 3 評価してみよう	【思考】発表を評価する。	・評価シートを使って、発表を評価する。
▼ 4 もっと調べてみよう	【思考】社会起業家の活動のよい点や課題を考える。 【協学・異文化理解】社会起業家の活動と課題に関心を持つ。	・学習者の国の社会問題や社会起業家の活動例などについて調べる。

1 話してみよう

「よい聞き手」とは？

活動のねらい・実践ポイント

- 「よい聞き手」とは、どのようなものかを考え、発表を聞くときの注意点を確認する。

- 📖 p.102 のチェックリストを見ながら、自分が大切だと思うものにチェックするように伝える。

- チェックした項目を参考にしながら、ペアやグループで、発表を聞く際の態度や注意点、質問の方法について話し合う。テキストに掲載されているもの以外に考えられる項目を学習者に発表してもらってもよい。

- ペアやグループで話し合ったことをクラス全体で共有し、これから聞く発表に備える。

- 一度、発表を聞いたあとに、再度チェックし、ふり返りをするとよい。次の発表のとき、それを踏まえて聞けるとよい。

- 発表やゲスト・スピーカーの話を聞くときの基本的なマナーとして、「発表開始時間に遅刻してこない」「スマートフォンをマナーモードにする」「きちんとした姿勢で聞く」「許可なく録音しない」などを伝えてもよい。また、発表が終わったあとは、話をしてくれた人に対して感謝の気持ちで拍手することを伝えてもよい。

言語面のサポート例

- 学習者の言語レベルによっては、発表を一度聞いただけでは、理解が難しい場合がある。発表前に、発表資料を渡して、事前に読んでくるように伝えてもよい。当日は、特に発表資料を読んでよくわからなかった部分や疑問に思った部分について、発表者の話を集中して聞くように伝える。

> みんなが「聞き上手」になるといいね。

📖 **p.102**

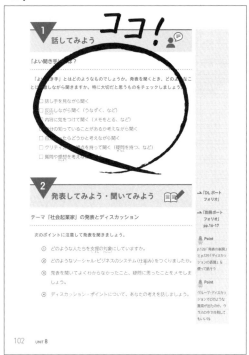

📖 **p.102 以外のよい聞き手の例**

- テーマにかかわらず、興味を持って聞く。

- 自分が話を理解できているか、考えながら聞く（十分理解できなかったところは、あとで質問する）。

- 話（テーマ）の内容に先入観や偏見を持たず、ニュートラルな立場で聞く。

＜実践者のつぶやき＞
よい聞き手について話し合う活動をしたあとでは、聞いている人が顔を上げて聞くようになり、発表者も話しやすくなりました。

2 発表してみよう・聞いてみよう

テーマ「社会起業家」の発表とディスカッション

おすすめ教材・準備物

- 📓 別冊ポートフォリオ pp.16-17
- DL ポートフォリオ「ユニット 8-2」
- 📓 巻末付録「発表の表現」p.128
- 📓 巻末付録「ディスカッションの表現」p.129

活動のねらい・実践ポイント

- 発表を聞き、ディスカッション・ポイントについて話すことで、社会起業家の活動について理解を深め、よい点や課題を評価、判断し、今後どうしたらよいか考える。

- メモを取りながら聞く。聞き取れなかったこと、もっと知りたいことを質問する。

- 発表者グループが提示したディスカッション・ポイントをメモし、それに対する自分の意見をまとめる。教師は、意見だけでなく、その理由や根拠も一緒に述べるように促す。

- ディスカッション・ポイントについて話す際には、グループに分かれて議論する。発表者グループのメンバーが各グループに１人ずつ入るようにするとよい。発表メンバーがそのグループの司会者となり、ディスカッションを進めると議論が活性化する。

- ディスカッション・ポイントについて、グループで出た意見を、クラス全体で共有するとよい。人数が少ないクラスの場合は最初から全体ディスカッションでもよい。

- 発表の進行をサポートする司会やタイムキーパーは教師がしてもよいが、発表者以外の学習者がしてもよい。

- あとで評価やフィードバックをしたい場合、発表は録画しておくとよい。

言語面のサポート例

- 学習者の言語レベルによっては、発表後に、聞き取った内容をクラス全体で確認してもよい。

📓 **p.102**

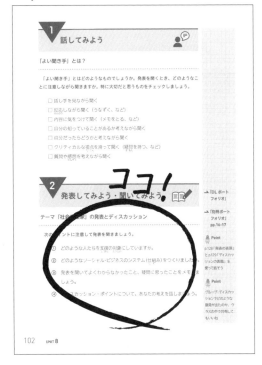

発表内容が理解できていることを確認したあと、質問やディスカッションの活動に進む。

オンライン授業の場合

オンライン会議システムの録画機能を使って、発表を録画し、録画映像をクラスで共有して評価の活動をすることもできる。

Point

ディスカッションが停滞してしまったときには、日本語以外に学習者が使える言語で話し合わせてから日本語で再度、共有してもよい。

活発なディスカッションを行うにはいくつかのポイントがある。ディスカッションが白熱すると、当たり前の意見を馬鹿にしたり、誹謗中傷になったりと、さまざまなことが起こる。当たり前の意見や惜しい意見でも教師が積極的に取り上げ、補足し、認めることで教室の雰囲気づくりをすることができる（『日本語教師のための CLIL 入門』pp.96-98 参照）。

📕 p.103

▼3 評価してみよう

発表を評価し合う

おすすめ教材・準備物

- 📘 別冊ポートフォリオ pp.14-15
- DL ポートフォリオ「評価シート例」

活動のねらい・実践ポイント

- 発表を評価し合い、今後の学習の参考になるよう、よかった点と改善点を確認する。

- ユニット7で作成した評価シート（📘 別冊ポートフォリオ pp.14-15）を使って、発表を評価する。

- クラスで評価項目を作成する活動を省略した場合は、教師が評価シートを作成する。

- 評価シートには、点数だけではなく、必ずよかった点と改善点についてコメントを書く。

- 改善点を書く際には、今後の学習に役立つよう、アドバイスも加えられるとよい。

- 教師が成績をつける際は、グループ全体を評価する項目と、個人について評価する項目を分けて作るとよい。

- 評価は、あとで発表者に返し、今後の学習の参考とするように伝える。

- できれば、記憶が鮮明な発表直後に評価の活動をするのが望ましい。難しい場合には、すべてのグループの発表が終わってから評価してもよい。

- 発表を録画しておき、あとで録画映像を見ながら評価することもできる。

- 発表の際は、クラス外の人（例：大学の国際関係サークルのメンバー）に授業に参加してもらい、発表を聞いてもらうこともできる。評価に参加してもらってもよい。発表に緊張感が生まれ、ディスカッションの際の刺激にもなる。

＜実践者のつぶやき＞
評価シートの得点を集計したり、学習者同士で投票したりして、ベストプレゼンテーションを選ぶ活動をしたこともあります。

ポジティブで、建設的な評価ができるといいね。

4　もっと調べてみよう

あなたの国の社会問題

活動のねらい・実践ポイント

- 他の国の事例を知るだけでなく、自分の国の事例（社会問題、社会起業家の活動例など）についても調べることで、さまざまな貧困問題に目を向けるようにする。

- 自分が発表したテーマ（例：フェアトレード、マイクロクレジット）について、自分の国の事例を調べて、クラスで共有してもよい。

- pp.86-88 で紹介した社会起業家の中には、国際的に活動している人もいる（例：Khan Academy、Room to read、グラミン銀行）。これらの団体が学習者の国でも活動しているか、調べてみるのもよい。

- 日本語以外に学習者が使える言語で書かれたインターネット上の資料、書籍などを調べ、日本語で発表する。

- 課題として調べてきて、クラスで共有する。時間があれば、レポートを書くようにしてもよい。

- この活動のあとに、「オプションユニット」を使って、ゲスト・スピーカーから実際の活動の話を聞いてもよい。

- 海外在住の学習者の場合、pp.86-88 で紹介したような日本語の書籍が手に入りにくいことがある。その場合は、この「4 もっと調べてみよう」を参考にしながら、学習者の国の社会問題や社会起業家について紹介する活動に代えることもできる。学習者が住んでいる場所の近くにある図書館などで書籍を探すのもよい。

- 自分の国の現状や取り組みについて知ってもらいたいという学習者の気持ちを大切にする。話したいという学習者がいる場合は、クラスでその時間を取るようにする。

📖p.103

- 「③あなたは、その活動にどのような貢献ができると思いますか」という質問では、その団体や活動に対して寄付をすると答える学生が多くいる。Room to read（📖p.87）という団体では、読み終わった本を売って寄付するという活動に参加できるので、本（『マイクロソフトでは出会えなかった天職』）の発表を聞いたあと、クラスで寄付活動をしてみることもできる。学習者に読み終わった本を持ってきてもらい、教師がまとめて寄付する。

＜実践者のつぶやき＞
後日、寄付額と用途を記載した感謝のはがきが届くので、活動に参加した実感が湧きました。次のクラスで見せようと思いました。

memo

私たちにできること

できることを考え行動する

　ここでは、授業のまとめとして、世界をよりよくするために自分に何ができるかを考えます。いきなり大きなことを考えるのではなく、「ハチドリ」の例のように小さなことから考えるとよいと思います。Think globally, act locally（地球規模で考え、足元から行動しよう）という言葉ともつながります。

　そのためには、自分とこの授業との関わりを考える活動がとても重要です。学生たちは、自分らしさ、つまりアイデンティティーに根づいた進路や生き方を見つける時期にあります。自分はどのような生き方をしたいのかを考え、その自分とリンクさせることで将来的に何か自分にもできるかもしれないと希望を見いだす可能性があるでしょう。教師がすぐに結果を求めようとしないことも大切です。

◉ 授業の流れ

テキストの活動	目標	活動内容
1 読んでみよう	【内容】身近な支援の方法を探る。	・『ハチドリのひとしずく　いま私にできること』を読み、理解する。
2 考えてみよう	【思考】これまで学んだ支援策についてよい点や課題を考える。／社会や世界と自分の関わりについて客観的に理解する。	・自分自身や授業内容をふり返り、身近な支援策について考える。
3 話し合ってみよう	【言語】自分のことや考えを話す。 【思考】社会や世界をよりよくするための行動を考える。 【協学・異文化理解】他の人や自分ができる支援に気づく。／社会や世界の問題と自分とのつながりについて考える。	・将来できそうな支援策について話し合う。

▼1 読んでみよう

ハチドリのひとしずく

おすすめ教材・準備物

● 書籍『ハチドリのひとしずく　いま私にできること』（辻信一監修 , 2005, 光文社）

活動のねらい・実践ポイント

● 『ハチドリのひとしずく　いま私にできること』を読み、とても小さい（花の蜜を主食にするぐらい）ハチドリ（蜂鳥・Hummingbird）がとった行動の意味について考える。

● この物語が何を例えているのか、何を言おうとしているのかについて連想させるとよい。

①火事＝世界の現状
　　（例）・格差が生まれていること
　　　　　・自然が破壊されていること
　　　　　・戦争が起こっていること　　　など

②ハチドリが運んでいる水のしずく＝一人一人ができる小さなこと
　　（例）・募金への協力
　　　　　・署名への協力
　　　　　・ボランティア活動
　　　　　・身近な人を気にかける　　　など

● 自分には何もできない、やったとしても自己満足にすぎないという反応をする学習者には、コラム（📖 p.110）を読ませるとよい。

● 実際の絵本を見せながら、教師が朗読してもよい。「私は、私にできることをしているだけ」のあとの余韻を大切にするなど、照れずに読む。

教師の発話の例

> 「今日は、よりよい社会・世界にするために、自分に何ができるのか、自分が落とせるひとしずくは何なのか、について考えてみましょう。」

📖 **p.108**

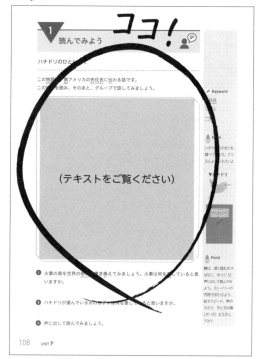

108　　UNIT 9

<実践者のつぶやき>

読んでいる実践者のほうが感極まってしまいそうになるので、できるだけ平静を保って読むようにしています。

逆に、しらーっとした雰囲気になったらどうしようとドキドキしながら読むこともあります。

学習者が受け止めてくれている様子を見ると、うれしく思います。

この絵本の装丁、イラストも素敵だよ。

▼ 2 考えてみよう

よりよい社会・世界にするには？

おすすめ教材・準備物

● 📖 別冊ポートフォリオ pp.18-19

活動のねらい・実践ポイント

● まず「自分」について書き出すことで一度自分を見つめ、その後、「授業で学んだこと」について書き出していき、関連性を見つけていくことで、自分自身と学習内容をつなげる。

キーワードの例

> 「自分」・「大切だと思うもの／こと」：
> 「出身」「専門」「使用言語」「宗教」など
> 「家族」「健康」「お金」「自由」など
>
> 「授業で学んだこと」：
> 「貧困」「支援」「教育」など

● キーワードをヒントに、自分の可能性や価値観に気づき、お互いに「あなたなら何ができそうか」を書くことによって、自分の将来、社会・世界のためにできそうなこと、やってみたいことについて考える。

● 将来につながりそうなキーワードに色をつけるなどを視覚的に見やすくしてもよい。

● 個人的な内容を書くことになるので、あとで他の人と見せ合うことを事前に伝えておく。

📖 p.109

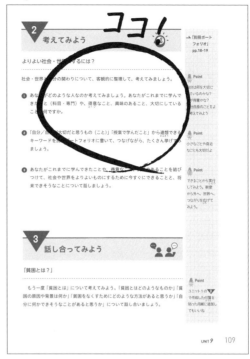

● 「授業の内容」と「自分」をつなげにくい場合は、教師やペアの相手から、つながりについて気づきを促すとよい。自分では気づきにくい場合も、他の人に見てもらうと、関連性が見つかる場合がある（下図を参照。点線は他の人と気づいたつながり）。

● 社会・世界をよりよくするために、今すぐできること、将来できそうなことについて、グループ内で発表し、それぞれの持つ可能性をシェアし、お互いを認め合う場とする。

● ❸と次の「▼3 話し合ってみよう」は同じ授業時間に行うとよい。

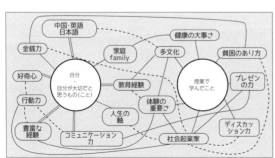

▲ キーワード連想　例①

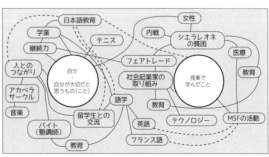

▲ キーワード連想　例②

▼3 話し合ってみよう

「貧困とは？」

おすすめ教材・準備物

- 📓 別冊ポートフォリオ pp.18-19
- ユニット1の ▼3 （📓 p.4）で作成した付箋を貼った用紙

活動のねらい・実践ポイント

- 将来できそうな支援策について話し合い、他の人や自分ができる支援に気づく。
- 「▼2 考えてみよう ❸」で話した、今すぐできること・将来できそうなこととユニット1で作成した付箋を貼った用紙を見比べて、貧困に関する考え方がどのように変化したかについて話し合う。
- 「ウェルビーイング」（well-being、心身ともに良好な状態にあること、よりよい自分でいられること）について考えてもよい。

今すぐできることの例

- ・賛同する団体や活動に募金する。
- ・ファストファッションを買うのをやめる。
- ・フェアトレード商品を買う。
- ・物を過剰に包装しない。
- ・TFT(TABLE FOR TWO)のランチを食べる。
- ・フードロスゼロに挑戦する。
- ・クラスで古本を集めて、寄付をする。
- ・学園祭やクラス内でフリーマーケットを行い、売上金を賛同できる団体に寄付する。
- ・SNSを通じて、複数言語で自分のメッセージやコメントを発信する。
- ・支援団体の企画に参加する。
- ・社会に役立つ人間になるよう、学生として自分の知識や能力を伸ばす努力をする。

📓 p.109

将来できそうなことの例

- ・お金を稼いで、環境によいことをしている企業を応援する（投資する）。
- ・地球にやさしい商品を開発する。
- ・NGO や NPO に参加する。
- ・国際協力に関する仕事をする。
- ・教師になって子どもたちから偏見をなくすような教育を行う。
- ・相対的な自由（精神的・経済的・物理的）を手に入れて幸せになり、他人と関わって対話を行う。
- ・大学で学んだ専門知識を生かして、自分にできることを考える。
- ・自分の複数言語の能力を生かして、国と国のつながりに貢献する。

私たちが学んだこと

自分が学んだことをふり返ろう

　ユニット9では、社会的貢献を考える前に自分らしさや自分らしい生き方について考えました。ここでは、これまでの学びをふり返ります。自分の学びをしっかり内省することで、この授業での自分の成長、変化、これからの目標などが見つかると思います。

　「❶書いてみよう」を期末レポートにする場合もあると思いますが、「❷話し合ってみよう」「❸ふり返ってみよう」をすると学びがより深まるので、その時間をぜひ確保してください。その際、やみくもに一つの正解にまとめたり、簡単に成果が得られたと結論づけたりしないことも大切です。より客観的に自分たちの成長を見つめるために、Can-do リストを活用してみてください。

◉ 授業の流れ

テキストの活動	目標	活動内容
❶ 書いてみよう	【内容】学んだことをふり返る。 【言語】これまでの自分のポートフォリオや作文を見なおす。／自分の意見を作文にまとめる。	・ポートフォリオを見返し、何を学んだかを確認する。 ・「貧困とは何か」について作文を書く。
❷ 話し合ってみよう	【言語】これまでの自分のポートフォリオや作文を見なおす。 【思考】学ぶ前と学んだあとの自分の考えを比べる。	・コースのはじめに書いた「貧困とは何か」の作文と見比べて、変化を認識する。
❸ ふり返ってみよう	【内容】学んだことをふり返る。 【協学・異文化理解】ふり返ったことを他の人と共有する。	・Can-do リスト（テキスト pp.ix-x）を用いて、自分たちにどのような成長があったか、4つの C に則して話し合う。

1 書いてみよう
作文のテーマ「貧困とは何か」

おすすめ教材・準備物

- これまでのポートフォリオすべて
- 別冊ポートフォリオ pp.20-21
- DL ポートフォリオ「ユニット 10-1」
- ユニット 1 の ❸ （ p.4）で作成した付箋を貼った用紙
- 作文の評価基準（『日本語教師のための CLIL 入門』凡人社 , p.133）

活動のねらい・実践ポイント

- もう一度、授業の開始時と同じトピックである貧困について作文することにより、授業での学びによって生まれた自分の知識や意識の変化に気づく。
- 作文は宿題にするとよい。
- 貧困についてどのようなことを学んだか、貧困をなくすために、どのような方法があると思うかについても自分の考えを書く。
- 世界をよりよくするために（貧困をなくすために）、何ができるかを考える。
- ユニット 9 の「❸ 話し合ってみよう」の内容を参考に具体的に書くようアドバイスするとよい。

言語面のサポート例

- 作文を書く前に、文体の統一（デス・マス体かダ・デアル体か）について、学習者に指示しておくとよい。
- 作文を書くのが難しい場合は、貧困について思いつくことを付箋紙に書いて、大きめの用紙に貼ってみる活動をしてから書くとよい。
- ユニット 1 で最初に作った用紙と一緒に並べて、自分の考えや知識にどのような変化があったかを確認し、他の人と見比べて、自分と違う意見、新しい意見を発見するのもよい。

p.112

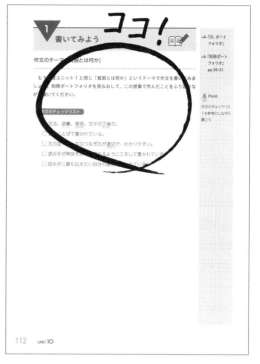

- テキストの巻末にある付録 表現集は作文で使える表現でもある。
- 作文の評価基準（『日本語教師のための CLIL 入門』凡人社 , p.133）を用いて、よい作文の書き方を紹介してもよい。
- 大学の初年次教育の場合は、戸田山和久（2012）『新版　論文の教室　レポートから卒論まで（NHK ブックス）』（NHK 出版）を参考図書として紹介してもよい。電子版も購入できる。

https://www.nhk-book.co.jp/detail/000243010730000.html

▼ 2 話し合ってみよう
自分の作文を比べよう

おすすめ教材・準備物

● ユニット 1 とユニット 10 で学習者が書いた貧困についての作文

活動のねらい・実践ポイント

● ユニット 1 の最初に書いた貧困についての作文とユニット 10 でもう一度書いた作文を読み比べることで自分の考えの変化や成長に気づく。また、グループもしくはクラス全体で話し合うことで、互いの学びを知り、自分の学びへの気づきを深める。異なる考え方や意見に触れることで、多角的な視点から物事を見る分析力を養う。

● 読み比べるときにチェックリスト（📖 p.113）を使うと、変化がわかりやすい。

● 話し合い後に発表し、チェックリスト（📖 p.113）に自分たちの作文の変化を書き加えてもよい。

言語面のサポート例

● 作文を書く際に、
　①ユニット 1 で自分が書いた作文を参照しながら書く方法
　②何も見ずに書く方法
　の 2 つがある。①の場合は、以前に書いたものを参考に、ふり返りながら書ける。②の場合は、書いたあとに比較するため、より自分の成長を感じやすい。

● 「内容」「言語」「思考」「協学・異文化理解」という 4 つの C の観点から考えると話しやすい。

● 作文に「内容」「言語」「思考」「協学・異文化理解」ごとに色を変えた下線を引かせて、ユニット 1 とユニット 10 で書いた作文の変化を視覚的に気づかせてもよい。

● チェックリスト（📖 p.112）を活用し、自己評価やピア活動（お互いの作文を読んでコメントし合う活動）をしてもよい。

📖 **p.113**

ピア活動の指示の例

・お互いの作文を声に出して読んでみましょう。

・作文の変化したところについて、お互いに話しましょう。

・他の人の作文を読んで、おもしろいところ、わかりにくいところ、どうすればもっとよくなるかについて話し合いましょう。

コースのはじめに書いた作文と比較すると、自分の成長がよくわかり、びっくりするよ。

学習者の作文の例

　ユニット１で書いた作文（📓 別冊ポートフォリオ pp.2-3）とユニット10で書いた作文（別冊ポートフォリオ pp.20-21）を比べてみました*。以下は、ある１人の学習者が書いたユニット１とユニット10の作文の例です。

　ユニット１の作文では、絶対的貧困の定義と富裕国である日本の状況を比較して書いています。それに対し、ユニット10の作文では、ユニット１で書いた絶対的貧困と日本の状況をベースに、授業で学んだ『世界で一番いのちの短い国』から貧困の実態を痛感したこと、貧困を自らが関わる問題として捉えて、それを解決するために自分に何ができるかを書いてまとめています。

　ユニット１の作文では、「貧富の差がなぜ生じるのか」に関して一般論的な内容にとどまっている学習者が多いですが、ユニット10の作文では、自分の体験や授業で扱った動画や本などを読み手に伝わるよう効果的に引用するなどして、多角的観点から「貧困」を考えられるようになるようです。また、自身のステレオタイプに気づいたり、貧困を乗り越えるために必要なものに気づいたことにより、クリティカルでより深い考察ができるようになる学習者もいます。

> ＜実践者のつぶやき＞
> 学習者が授業を通して自分なりに考えたことが伝わるような、オリジナリティのある魅力的な作文を読むと、学習者の成長を感じてうれしくなります。

［リンさんの作文］

ユニット１　書いてみよう「貧困とは何か」

　豊かな生活を送っている私たちにとって、貧困はイメージできない言葉だ。実際、貧困の定義は国や機関によって異なる。例えば、世界銀行が定義している貧困層は１日1.9ドル未満で暮らす人のことだ。今の経済の仕組みでは、国と国の間に格差が生じているだけでなく、一つの国の中にも格差があることも少なくない。また、子どもの貧困も非常に厳しい問題である。子どもの成長には食料の問題だけでなく、水、衛生施設、住居、教育など、それらどれ一つを抜きにしてもいけないのだ。

　世界では、９人に１人が健康な生活を送るために必要な食料を得られていない。それに対し、2016年の調査結果によると、1％の最富裕層が世界の半分以上の資産を握っているということだ。留学先である日本を例として挙げれば、日本では年間1900万トンの食品廃棄物が出ており、これは世界の7000万人が１年間食べていける量だという。民間の調査では、2700万トンという報告もある。

　貧困と浪費、その二つが緊密に関わっている社会問題を解決するために、私たち消費者ができるのは食糧廃棄をしないことをいつも心がけることだ。

＊　作文は原文を損なわない程度にリライトしてあります。

[リンさんの作文]

ユニット10 書いてみよう「貧困とは何か」

　豊かな生活を送っている私たちにとって、貧困はイメージできない言葉だ。実際、貧困の定義は国や機関によって異なる。例えば、世界銀行が定義している貧困層は1日1.9ドル未満で暮らす人のことだ。今の経済の仕組みでは、国と国の間に格差が生じているだけでなく、一つの国の中にも格差があることも少なくない。また、子どもの貧困も非常に厳しい問題である。子どもの成長には食料の問題だけでなく、水、衛生施設、住居、教育など、それらどれ一つを抜きにしてもいけないのだ。

　世界では、9人に1人が健康な生活を送るために必要な食料を得られていない。それに対し、2016年の調査結果によると、1％の最富裕層が世界の半分以上の資産を握っているということだ。留学先である日本を例として挙げれば、日本では年間1900万トンの食品廃棄物が出ており、これは世界の7000万人が1年間食べていける量だという。民間の調査では、2700万トンという報告もある。

　私が本当に貧困を実感できたのは『世界で一番いのちの短い国』という本を読んだあとだ。この本を通じてシエラレオネ共和国という名前すら聞いたことない国の厳しい現状を知った。シエラレオネは1991年からの内戦の影響による貧困問題により、現在でも世界で平均寿命の短い国となっている。シエラレオネはダイヤモンドをはじめ豊富な鉱産物に恵まれている。しかし、一部の人がダイヤモンドなどから利益を得たため、国のインフラが整備されず、市民の生活に恩恵はない。このような資源の分配が不平等なことから、反政府勢力がダイヤモンド鉱山を占領しようとしたため内戦が始まった。それによって、貧困や病気になり、教育を受けられない人が数えられないほどいる。戦争で残虐な行為をされ、家族を失った被害者も多くいる。

　貧困の原因として戦争、宗教、食料分配の不平等など社会的な問題、豊かな資源に恵まれていないという環境的な問題、自分の意志などの個人的な問題、浪費が考えられる。それらの結果として、飢餓、栄養失調、子どもの貧困などの問題が起きる。世界の貧困問題は根本的には変えられない。私たちができることは、『世界で一番いのちの短い国』の著者の山本さんのように、国際支援に力を注いだり、支援をしている団体に寄付したりすることなどだ。それによって、現状がよりよくなることもたくさんあるだろう。世界の人々が貧困に陥った人、生活に恵まれていない人に関心を持てば、必ずよりよい世界になるだろう。

3 ふり返ってみよう

自分の変化に気づこう

おすすめ教材・準備物

- 📔 別冊ポートフォリオ
- 📔 Can-do リスト（pp.ix-x）
- 「内容」「言語」「思考」「協学・異文化理解」の
カード

活動のねらい・実践ポイント

- Can-do リスト（📔pp.ix-x）を活用して、「内容」「言語」「思考」「協学・異文化理解」という4つのCの観点で、それぞれの成長に気づき認め合う場とする。
- Can-do リスト（📔pp.ix-x）を使う場合は、コース前とコース後を比較し、どのような変化があったかを実感するとよい。
- Can-do リスト（📔pp.ix-x）をチェックする時間がない場合は、📔p.114 の「ふり返りポイント（例）」を使って話し合ってもよい。
- 「内容」「言語」「思考」「協学・異文化理解」と書いたカードを用意して、カードを選んで話してもらってもよい。
- 話し合いで出たディスカッション・ポイントについて作文に書き足す作業をしてもよい。
- ディスカッションと同時並行、もしくは授業のあとで（ポートフォリオを提出する際など）、自己変容や授業の感想について、教師が学習者にインタビューやアンケートをしてもよい。

教師のまとめの例

「これからも社会・世界の出来事に関心を持ち、人と関わり合いながら、考え、行動していってください。この授業がみなさんの世界を広げるきっかけになったならうれしいです。」（📔 コラム p.115 参照）

📔 **p.114**

インタビューやアンケートの質問の例

「『内容』『言語』『思考』『協学・異文化理解』のどれが一番伸びたと思いますか。それはなぜですか。」

「授業の活動や教師のフィードバックで印象に残っているのはどのようなことですか。」

「授業でもっとやりたかったことはありますか。改善点などあれば教えてください。」

インタビューやアンケートの回答の例

「貧困は他人ごとではない、自分なりの考えをもって、何か助けになることを考えるきっかけになった。」

「読むこと・話すことをたくさんしたので、自信がついた。」

（その他の回答例は、『日本語教師のための CLIL 入門』凡人社, pp.136-138 参照）

学習者に起きた変化―学習者の感想から―

授業に参加した学習者の感想を紹介します。自分の周りのことだけ考えていたところから飛び出して世界のことを考えるようになったり、視野が広がったと感じられたようです。

学習者の感想（1）

自分に起きた変化というと、「自己中心的な考え方が少し変わった」という点です。授業で学んだことはレポートの書き方や発表のしかただけでなく、「自分の周り以外にも大きな世界が存在する」ということに気づいたことです。教科書と発表のために読んだ本に加えて、さまざまなウェブサイトや新聞記事を見て、今まで身の回りに限定されていた自分の「世界」が広がりました。これは日本に来たから広がったのではなく、授業のためにさまざまな情報を集めたから、広い範囲にはじめて着目することができました。

このように、授業に参加して、他の人との交流や協力する経験を得て、本や資料をきっかけにさまざまな世界中の情報と出会って、自分が変わりました。今までの自分と違って、本当の意味での「国際人」や「大学生」になれました。

学習者の感想（2）

授業を受ける前は、自分が住んでいる世界がどんな様子なのか考えたことがありませんでした。授業で、世界の現状や課題、国際協力についての日本語の読み物を読んで、以前は考えたことのないことを少しずつ自分で考え始めました。

それまで、蛇口をひねると水が出てくる、スーパーで自分が食べたいものを買うことができるなど、世界中の誰もが私と同じ生活を送っていると思っていました。しかし、現実の世界はそんなに甘くありません。世界のどこかに自分が作ったものも食べられずに、ものを買うお金もない人がいます。そして、そのような人は決して少なくありません。

以前は、グローバル化が進むほど、貿易が自由化されるほど、世界がよくなり貧困問題が改善されると思っていました。しかし、多くの途上国の貧困問題はさらに厳しくなっています。授業で知識を得たことで、これまでの考えが変わり、世界の現状と自分の生活の関わりについて考え始めました。

貧困を自分にも関係がある問題として考えられるようになったり、異なる文化や社会に住む人たちに対する見方に変化があったりしたことがわかるね。

学習者の感想（3）

　私の最大の自己変容は「貧困問題を"自分事"として捉えられるようになったこと」である。先述の通り、この授業を受講するまでは貧困問題への関心がとても高いとは言えないような状態だったが、この授業で貧困の実態についてゼロから学び直し、最終的には貧困の深層についても学べたこと、下里さんという感受性の長けた、そして確固たる思いをもって活動されている方に出会えたことが大きな要因であったように思う。そして一番の要因は最終発表で日本の相対的貧困について勉強し自分の体験に結び付けて捉えたことである。最終回でも少し触れたが、私は自分のこれまでの生活の中で相対的貧困と思しきことをいくらか体験している。この体験とこれまで学習してきた貧困の実態が、最終発表の準備を行う中で結びついたのだ。自分が貧困と目されるような体験をしていたのだと気づいたときには驚きを隠せなかったが、これに気づいてからは貧困問題が一気に身近に感じられ、今となっては、いつの日か下里さんや松田さんのように教育という側面から貧困問題にアプローチしてみたいと考えるまでになった。あれほどまでに"他人事"であった貧困問題が"自分事"になったこと。これがこの授業を通して自分が一番変わったことである。（日本語 L1 学生）

学習者の感想（4）

　半年の授業を通して最も変わったと感じたのは「相手に押し付けるのではなく受け入れる」ことに近づけたことである。トシさんの本をみんなで読み合わせていく中で、何度もそのことに触れ、そしてそれがいかに難しく、同時に成功したときにみんなが幸せになれるのかを考えさせられた。私は人より（個性的な？）自分の考え方を持っており、そしてそれに固執してしまう傾向があると思う。それゆえ正しいと思ったことに対してつい強く出てしまい、言い争いに発展してしまうことも少なくない。もちろん、結果的に私の考え方が正しかったという場合でも、はなからそれを押し通すのではなく、相手の言い分を聞いて自分との違いを理解し、両者が納得できる解決策を提案する。それができて初めて自分の考えが正しいという証明になる。トシさんの話を始め、下里さんのお話や TFT の小暮さんの本、授業内での話し合い等を通して様々な意見に触れ、どれが良い悪いという視点ではなく多角的に一つの事象を見つめるという経験を経て、自分とは異なる人・モノについて寛容になれたと思う。例えば自分には理解できない思考・行動もその人にとっては理由があって意味があって、実は私には欠けている何かを持っているかもしれないと思うことで、ただ自分の視点のみで毛嫌いするのではなく、一歩でも歩み寄ってみようと思えるようになった。（日本語 L1 学生）

＜実践者のつぶやき＞
コースの最後に、学習者が授業で紹介したフェアトレード団体の商品を、教師が小さなプレゼントとして渡したことがあります。とても喜んでくれました。それにより、プレゼントを選ぶときにフェアトレードを選ぶという選択があることに気づき、その後、学習者自身もプレゼントを選ぶときにフェアトレードの物にしたと言っていました。これも一つの行動の変化につながったのかなとうれしくなりました。

生の情報を得る

ゲスト・スピーカーの話を聞こう！

実際に支援を行っている方をゲスト・スピーカーに招いて、支援活動の内容や経緯について聞いてみましょう。社会起業家ではなく、身近な人（ボランティア活動をしている人など）でもかまいません。実際に話を聞くことにより、支援の活動内容や現在の人々の生活の様子を具体的に知ることができるでしょう。また、支援をすることについても身近に感じられるかもしれません。国際協力や社会活動の現場のことを知っている方の言葉には力があります。ぜひ、実際に話を聞くチャンスをつくってみましょう。

◉ 授業の流れ

テキストの活動	目標	活動内容
1 調べてみよう	【内容】国際協力に関わる人の活動について、その人の人生観や価値観も含めて知る。	・ゲスト・スピーカーの話を聞く前に、ゲスト・スピーカーの活動を調べる。 ・ゲスト・スピーカーへの質問を考えておく。
2 聞いてみよう	【言語】ゲスト・スピーカーの話を聞いて質問する。 【協学・異文化理解】ゲスト・スピーカーに質問し、ゲスト・スピーカーの考えや、クラスメートの考えを知る。	・ゲスト・スピーカーの話を聞く。 ・聞きながらメモをとったり、最後に質問をしたりする。
3 話し合ってみよう	【言語】感想を話し合う。 【協学・異文化理解】ゲスト・スピーカーに質問し、ゲスト・スピーカーの考えや、クラスメートの考えを知る。	・ゲスト・スピーカーの話を聞いて、どのように感じたかを話す。 ・ディスカッション・ポイントは何かを意識しながら議論を深める。
4 書いてみよう	【思考】これまでの学習と結びつけて考えを深める。	・ゲスト・スピーカーが話した内容やディスカッションをもとに「よりよい未来をつくるには」について考え、自分の意見を書く。

▼1 調べてみよう

ゲスト・スピーカーに話を聞く前に

おすすめ教材・準備物

- DL ポートフォリオ「オプションユニット -1」

活動のねらい・実践ポイント

- 事前にゲスト・スピーカーの人物や活動を調べることで、ゲスト・スピーカーの活動への理解や興味を喚起する。

- コース計画時にゲスト・スピーカーを探して、授業参加への依頼をしておく。

- 事前に質問内容を考えておくと、より興味を持ってゲスト・スピーカーの話を聞ける。

- ユニット6の前かユニット6〜ユニット8の間にゲスト・スピーカーの話を聞いておくと、テキストの内容に対する興味が高まる。

- ユニット2かユニット3の最後に、動画を見るかわりに、ゲスト・スピーカー（貧困に関わる活動をしている人、他の機関でCLILを実践している教師、など）を招くことで、学習者のモチベーションを高めてもよい。

言語面のサポート例

- ゲスト・スピーカーや、ゲスト・スピーカーの団体や活動についてHPやSNSで事前に調べておくことで、言語的な予習にもなり、話が理解しやすくなる。

- ゲスト・スピーカーに関連する情報が見つけられない学習者には、ウェブサイトやSNSなどを教えるとよい。

📓 **p.118**

実際に支援活動を行っている方に会えたり、話を聞けたりするチャンスに、学習者はきっとわくわくするよ。

2 聞いてみよう

ゲスト・スピーカーの話を聞こう

おすすめ教材・準備物

● DL ポートフォリオ「オプションユニット -2」

活動のねらい・実践ポイント

● 実際に支援活動を行っている方から活動の内容や活動に至った経緯などについて生の声を聞くことで、本やインターネットでは知り得ない現場の状況について、リアルな様子を知る。

● これまで学んできた内容や言語知識を総動員して教室外の専門家と関わる。

● 適宜 DL ポートフォリオにメモをとりながら、ゲスト・スピーカーの話を聞く。

● ゲスト・スピーカーには、あとで質問やディスカッションの時間もとってもらえるよう、事前に時間配分を伝えておく。

● ゲスト・スピーカーに学習者からの質問を事前にメールで送り、講演内容の参考にしてもらってもよい。

● 学習者からのインタビュー形式にしてもよい。

● ゲスト・スピーカーに実際に来ていただくのが難しい場合は、オンラインで話してもらってもよい。

▼オンラインで話す下里夢美さん（特定非営利活動法人 Alazi）の様子

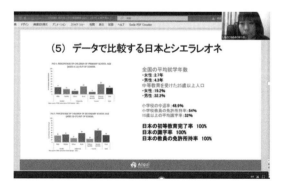

p.118

学習者の質問の例

・この活動を始めたきっかけは何か。

・最初は何人で始めたのか。

・何歳くらいから活動しているか。

・資金はどのように得ているのか。

・お給料はあるのか。

・寄付金は何に使うのか。

・支援している中で困ることはどのようなことか。

▼3 話し合ってみよう

ゲスト・スピーカーの活動についての感想と疑問点

おすすめ教材・準備物

● DL ポートフォリオ「オプションユニット -2」

活動のねらい・実践ポイント

● ゲスト・スピーカーから聞いた内容について、初めて知ったことや感想、疑問点を話し合うことにより、理解をさらに深める。また、ゲスト・スピーカーの活動の課題なども含めてクリティカルに考える。

● ゲスト・スピーカーにもディスカッションに入ってもらってもよい。

● ゲスト・スピーカーが話したことに対してクリティカルに捉えて考えることも重要。

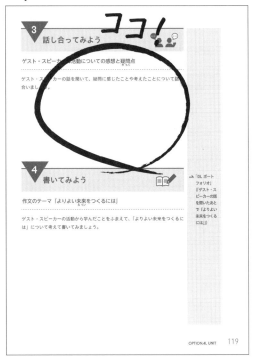

📖 p.119

ゲスト・スピーカーの「シエラレオネの人たちは働かない」という発言に対する学習者の発言の例

> 「ゲスト・スピーカーの（シエラレオネの人は働かない）という視点は日本人の視点ではないでしょうか。」
>
> 「政府が機能しておらず、国民が働いても働かなくても生活は変わらないため、働かないのではないでしょうか。」
>
> 「シエラレオネの人たちはいくらがんばっても『報われない』という気持ちがあるので、（努力すれば報われると考える人の多い）日本とは違うのではないでしょうか。」

学習者が初めて知ったことや感想

> ・シエラレオネの人たちはダイヤモンドがなかったらよかったと思うほど紛争は危なかった。
>
> ・洋服屋や美容院もあり今の状況でちゃんと生活している。
>
> ・マラリアのせいで乳児死亡率が高い。
>
> ・月・水・金しか水は出ない。
>
> ・同じヒトなのに違う国で生まれたという理由でぜんぜん違う生活をしているのが本当に悲しい。
>
> ・私にできるかなと思った。たぶんできないと思うが挑戦したいと思う。
>
> ・シエラレオネの未来を考えると、教育が非常に重要であることがわかる。
>
> ・自分が決意したことを実行できる人は少ないが、夢を実現した人は輝いている。

▼4 書いてみよう

作文のテーマ「よりよい未来をつくるには」

おすすめ教材・準備物

● DL ポートフォリオ「オプションユニット -3」

活動のねらい・実践ポイント

● ゲスト・スピーカーの話を聞いて、話し合ったあと、自分の考えを書いてまとめる。また、よりよい未来を創造するには何が必要なのかを考える。

● 授業の中で時間をとるのは難しいため、宿題にする。

● 学習者の書いた作文には言語的フィードバックと、内容について一言コメントを添えて返すとよい。

● 学習者が書いた作文をゲスト・スピーカーにも送るとよい。

学習者の作文の例

ゲストスピーカーの話を聞いた後で

―よりよい未来をつくるには―

今日のゲスト： 下里夢見 　　　　　　月　　日

先日「世界に気が一番低い国」という本を読んで、シエラレオネの国民たちが水準の低い生活をしていると知っていました。下里さんが いった首都の方がよりいい状況だったと思うが、週3回しか水が出なくて、よく火事が起き、家がなくなった人もよくいます。

ただ、貧しい生活を送っても、みんなやさしい、盗難事件が少ない、みんな助け合いながら生活していることに本当に感動する。

103

ゲストスピーカーの話を聞いた後で

—よりよい未来をつくるには—

今日のゲスト：下里夢美　　　　　　　　　12月　5日

もし私が下里夢美さんと全部同じ状況の中で育ってシエラレオネのことを見たら私もシエラレオネに行くかを考えてみると、多分 行かなかったと思う。ただ 何日間 考えるだけで終わったかもしれない。それで 今回 下里夢美さんの話は本当にいろんなことを考えさせられた。

私が今まで シエラレオネのことを考えると すぐ思い出すのは「本当にかわいそう」だけだった。同じ人なのに国 が違うだけで育てる状況が全々変わるのは本当に残念だと思って、韓国に生まれてよかったと思う気持ち もすこしあった。　そして私はシエラレオネにも行かないし、シエラレオネについては全部本とかニュース とかで習ったので シエラレオネの子どもがどれくらい悲しいか現実感がなかった。でも、下里夢美さんの 話を聞いて私の考えは彼らに対する偽善ということを気づいた。

彼らのことをよく知らないのに ほんと すこしな知識で 彼らのことをかわいそうと思ったし、彼らに ついてちゃんと勉強したと思った。でも、下里夢美さんのことを聞いて 知らないことがいっぱいあったし、 彼らの状況は私の考えより もっと悪いというのを知った。

彼らが持っているダイヤモンドを見ていいと思ったが、彼らはダイヤモンドがあって本当にいやだ と思ってる。そして 情報しかも知らないからサービスを受けられない。同じ世代を住んでいる のに環境は全々違う。この子どもたちをために私、国は何ができるかと思った。

もし 今の考えを持って過去に戻ったら 彼らをために できることからやりたい。

今も 何かができるか 探してみたい。

学習者の感想

学習者の感想（1）

　授業は触れていないことを聞くことができて、ありがたく思いました。話を聞いてまず、アフリカ大陸の広さがわかりました。ずっと世界地図を見てきたのに、地球儀での見え方とどう違うかを考えたことがなかったです。発見の目が私に欠けていると改めて思いました。

　次に、下里さんの考え方と勇気に感動したことです。下里さんは国際協力を専攻して、そこから学んだものをどのように生かすかを徹底的に探ったからこそ、ここまでやってきたと思います。下里さんは大学を出たあと、すぐ支援の道に突き進んで、現在まで発展させるのにどれほどの努力をしたか想像できないくらいです。最後に、国境なき医師団の支援とは違う支援のやり方を具現化させており、いつか私も支援活動に参加できると思うようになりました。お話を聞いて、遠いアフリカのシエラレオネがどんどん近くあるように見えてよかったです。

学習者の感想（2）

　大学の制度の弱点の一つは、しばしば理論的な授業の内容しか提供しないことです。私たちの社会をよりよく理解するためには、人間と人間を結びつけることが不可欠だと思います。特に大学では、今日のような介入が不可欠だと思います。今日のゲスト・スピーカーは、私たちのために時間を割いて、彼女が長い間抱えてきた現実を説明し、私たちの質問に答えてくれたことにとても感動しています。明日の社会を築くためには、意見交換やオープンマインドが不可欠です。

学習者の感想（3）

　特に支援の内容で気になったのが、男性への性教育です。妊娠してしまった女性やシングルマザーの支援ももちろんですが、それを未然に防ぐ方向にも支援するのは不意を突かれたというか、目から鱗でした。女性自身の自衛だけではどうしようもないことがあるので、本当に大事な支援だと感激しました。しかし、コンドームを安く手に入れられなかったり、世界の混乱により治安が悪化したりなど、教育だけではどうしようもできない部分があるため、全体の底上げをしていかなければならないと考えます。

　「5教科を十分に教育にできていないから、性教育なんてなおさら」という言葉は、「確かにそうだなあ」とうなずかされる一方で、日本の性教育の遅れもどんどん変えていかないといけない状況なのだと感じました。NPO法人アラジの支援の方法やグッズの購入など、インターネットを使ってさらに調べてみたいです。（日本語 L1 学生）

学習者の感想（4）

　実際に現地に赴き活動を行っている方のお話は、言葉一つ一つからその実態をイメージさせるようなリアリティがあると感じた。下里さんのお話の中で「皆さんもご存じの通り〜」という件が何度かありそのときはあまり気にならなかったが、改めて思い出してみると授業初期は「シエラレオネ」という国についてその名前すら知らなかったものが今ではその国のために何ができるかを話し合っている。まだまだ浅い知識でしかないけれどそのように意識が変わってきたことは学業という面においても、国際交流・支援という面においてもよい変化なのではないかと感じた。

シエラレオネについて興味を持ち深く知ることができたのは特に山本さんの本のおかげだと思うが、現状がそのころとは大きく変わっているというお話が非常に印象的だった。世界は少しずつではありながらも発展しているのだと感じると同時に、20年ほどたっても上下水道等整備が進んでいないというようにまだまだ課題は多く、「改善してきているのならこのままでもなんとかなるじゃん」などと思ってはいけないのだと改めて思った。

また、「努力できることが恵まれている」という言葉が深く刺さった。国際支援などについて考えていると、つい「どうしたら豊かさを与えられるか」という方向で考えてしまい、持っている者が持たぬ者に施すという形になってしまいがちだが、結局のところ人間は自分たちで何かを作り出す力は持っており、その力を発揮するコンディションを整えること、そのきっかけを見つけやすくすることこそが本当の支援であるのだと気づかされた。(日本語 L1 学生)

学習者の感想（5）

今までポスター発表に向けて調べたり、『世界で一番いのちの短い国』を読んだりしてきた中ではわからなかった、現在のシエラレオネの医療体制やインフラの様子、教育体制などについて、実際にシエラレオネとつながりを持ち活動している下里さんからお話を聞けて新鮮でした。6歳までの医療費無料化や自宅出産の禁止、エコー検査が利用できるようになっていることなど、特に若年妊娠・出産とそれに伴う子どものための医療体制が徐々に整ってきていることを知り、少しずつ前に進んでいることに安心しました。

しかしその一方で、子どもの医療費や初等教育が無償化され、経済的に対策が取られていたとしても、病院も学校も結局は「公立より私立のほうがよい」という状況が残っていることで、やはり根本的解決とは言えないのだと思いました。特に政府の学校が13.8％しかなく、半分以上をミッションスクールが占めていることに驚き、初等教育無償化の効力が私のイメージしていたほど強くはないのかなという印象を受けています。公立の病院や学校の運営体制と質を上げるためにも、医師や教師といった人材の教育に力を入れることが不可欠であって、下里さんが「教育はすべてのSDGsにつながっていく」と言っていたように、私も「教育」が問題解決の基盤になると改めて思いました。

また、大人への支援は行っておらず、若年妊娠により学校に通えなくなった女の子を、大人になる前に復学させることを目的としていると聞き、支援の対象を明確にすることも、支援活動をする上では大切なのだと感じました。MSFが医療だけに専念しているのと同じように、明確な目的のもと、その範囲で確実に成果を出していくほうが、広く浅くの支援よりも大きな影響をもたらすのかなと考えました。(日本語 L1 学生)

＜実践者のつぶやき＞

ゲスト・スピーカーの方が性教育の大切さについて、当たり前のこととして話してくださったことで、学習者たちもそのような話題について、男女や国籍に関係なく、大事なこととして話す雰囲気ができたのは驚きました。学習者に性教育や割礼の話題を取り上げることが問題がないか聞いたところ、ある学習者からきっぱりと「大事な話なのでみんなで話したほうがよいです」という返事が返ってきて、教師の側も以前よりその話題について話すことに抵抗がなくなりました。

巻末資料

・CLIL のためのブックガイド
・「PEACE」プロジェクトに関する
　研究成果の紹介

CLIL のためのブックガイド

CLIL（『日本語で PEACE［Poverty 中上級］』）向け読みもの

池田香代子（再話）・C. ダグラス・ラミス（対訳）（2001）『世界がもし 100 人の村だったら』マガジンハウス

小暮真久（2018）『［完全版］「20 円」で世界をつなぐ仕事 ― 想いと頭脳で稼ぐ新しい働き方』ダイヤモンド社

後藤健二（2005）『ダイヤモンドより平和がほしい ― 子ども兵士・ムリアの告白』汐文社

税所篤快（2013）『「最高の授業」を世界の果てまで届けよう』飛鳥新社

皐月秀起（2019）『子どもたちに学びの場を 「無料塾」の挑戦』幻冬舎メディアコンサルティング

サフィア・ミニー（2008）『おしゃれなエコが世界を救う ― 女社長のフェアトレード奮闘記』日経BP 社

サルマン・カーン（著）・三木俊哉（訳）（2013）『世界は一つの教室「学び×テクノロジー」が起こすイノベーション』ダイヤモンド社

ジョン・ウッド（著）・矢羽野薫（訳）（2013）『マイクロソフトでは出会えなかった天職 ― 僕はこうして社会起業家になった』ダイヤモンド社

坪井ひろみ（2006）『グラミン銀行を知っていますか ― 貧困女性の開発と自立支援』東洋経済新報社

松田悠介 (2013)『グーグル、ディズニーよりも働きたい「教室」』ダイヤモンド社

マリー＝ソー・キャロル＝チャウ（著）・林路美代・林民子（訳）（2010）『世界を変えるオシゴト ― 社会起業家になったふたりの女の子の感動物語』講談社

山口絵理子（2015）『裸でも生きる ― 25 歳女性起業家の号泣戦記』講談社

山本敏晴（2012）『世界で一番いのちの短い国 ― シエラレオネの国境なき医師団』小学館文庫

湯浅誠（2021）『つながり続ける こども食堂』中央公論新社

NHK「地球データマップ」制作班（2008）『NHK 地球データマップ　世界の"今"から"未来"を考える』NHK 出版

CLIL（『日本語で PEACE［Poverty 中上級］』）向け映像資料

後藤健二（2003）『ようこそボクらの学校へ』（DVD ＋ BOOK）NHK 出版

マーク＝フランシス・ニック＝フランシス（監督）（2008）『おいしいコーヒーの真実』アップリンク

フジテレビ（2009）『世界がもし 100 人の村だったら　ディレクターズエディション』ポニーキャニオン

CLIL をもっと深く知るために
● CLIL 初心者向け ●

奥野由紀子（編著）・小林明子・佐藤礼子・元田静・渡部倫子（著）（2018）『日本語教師のための CLIL（内容言語統合型学習）入門』凡人社

笹島茂（編著）（2011）『CLIL　新しい発想の授業 ― 理科や歴史を外国語で教える !?』三修社

早稲田大学教育総合研究所（監修）（2017）『英語で教科内容や専門を学ぶ — 内容重視指導（CBI）、内容言語統合学習（CLIL）と英語による専門科目の指導（EMI）の視点から』学文社

渡部良典・池田真・和泉伸一（編）（2011）『CLIL（内容言語統合型学習）上智大学外国語教育の新たなる挑戦　第 1 巻　原理と方法』上智大学出版

Bentley, K. (2010). *The TKT Course CLIL Module*. Cambridge University Press.

Coyle, D., Hood, P., & Marsh, D. (2010). *CLIL: Content and Language Integrated Learning*. Cambridge University Press.

Mehisto, P., Marsh, D., & Frigols, M. J. (2008). *Uncovering CLIL: Content and Language Integrated Learning in Bilingual and Multilingual Education*. Macmillan.

● CLIL に関する基本的な知識がある方向け ●

池田真・渡部良典・和泉伸一（編）（2016）『CLIL（内容言語統合型学習）上智大学外国語教育の新たなる挑戦　第 3 巻　授業と教材』上智大学出版

和泉伸一（2016）『フォーカス・オン・フォームと CLIL の英語授業 — 生徒の主体性を伸ばす授業の提案』アルク

和泉伸一・池田真・渡部良典（編）（2012）『CLIL（内容言語統合型学習）上智大学外国語教育の新たなる挑戦　第 2 巻　実践と応用』上智大学出版

笹島茂（2020）『教育としての CLIL』三修社

Ball, P., Kelly, K., & Clegg, J. (2016). *Putting CLIL into Practice: Oxford Handbooks for Language Teachers*. Oxford University Press.

Dale, L., & Tanner, R. (2012). *CLIL Activities with CD-ROM: A Resource for Subject and Language Teachers*. Cambridge University Press.

Mehisto, P. (2017). *CLIL Essentials for Secondary School Teachers*. Cambridge University Press.

● より本格的に学びたい方向け ●

Coyle, D., & Meyer, O. (2021). *Beyond CLIL: Pluriliteracies Teaching for Deeper Learning*. Cambridge University Press.

Dalton-Puffer, C. (2007). *Discourse in Content and Language Integrated Learning (CLIL) Classrooms*. John Benjamins Publishing.

Ikeda, M., Izumi, S., Watanabe, Y., Pinner, R., & Davis, M. (2021). *Soft CLIL and English Language Teaching: Understanding Japanese Policy, Practice and Implications*. Routledge.

Llinares, A., & Morton, T. (2017). *Applied Linguistics Perspectives on CLIL*. John Benjamins Publishing Company.

Llinares, A., Morton, T., & Whittaker, R. (2012). *The Roles of Language in CLIL*. Cambridge University Press.

CLIL に関する研究会

日本 CLIL 教育学会　https://www.j-clil.com/

「PEACE」 プロジェクトに関する研究成果の紹介

巻末資料

　　学習者の成果物、ポートフォリオ、担当教師や実習生による観察・レポート等を分析して国内外の学会等で成果を発表しました。以下にその一部をごく簡単にご紹介します。4C を意識した活動をどう取り入れたのか、どのような取り組みを行ったのかについてまとめています。

【日本語学習者を対象とした CLIL】

奥野由紀子・小林明子（2017）「世界の平和と貧困問題をテーマとした内容言語統合型学習（CLIL）の実践」『The 23rd Princeton Japanese Pedagogy Forum PROCEEDINGS』pp.176-185.

　　日本国内の 2 大学で行った CLIL の授業実践（90 分授業 14 回分）の内容をまとめました。授業実施前と後にオンラインの質問紙調査を実施し、授業終了後にはインタビュー調査も行いました。調査対象者は、留学生 10 名（日本語能力試験 N2 ～ N1 レベル）、日本語 L1 学生 2 名でした。CLIL 実践のフレームワークである 4C（内容、言語、思考、協学）について、授業で取り上げた内容や活動を中心に質問項目を作成し、各項目についてどの程度当てはまると思うか、質問紙に回答してもらいました。分析では、授業実施前と後で学習者の認識に変化が見られたかどうか、4C のカテゴリーごとに t 検定により分析しました。結果として、「内容」「言語」「思考」について、授業実施前よりも実施後に値が有意に高くなっていることが示されました。この結果から、授業で取り上げたテーマ（貧困や社会起業家の活動）について理解が深まるとともに（「内容」）、関連資料を読んだり貧困のメカニズムについて説明できるようになったりした（「言語」）と評価した学習者が多いことがわかりました。また、貧困を支援する方法の困難点や課題を整理し、世界と自分との関わりについて客観的に考えるなど、「思考」が深まったと感じている学習者が多いことも示されました。さらに、授業実施後に行ったインタビューでふり返りをしてもらったところ、ペアワークやグループワークを通して考えが深まり、発表資料もよりよいものに修正できたなど、「協学」に関しても肯定的に評価していることがうかがえました。

佐藤礼子・奥野由紀子（2017）「ライティング評価による内容言語統合型学（CLIL）の有効性の検討 ―『PEACE』プログラムの実践を通して―」『第二言語としての日本語の習得研究』第 20 号 , pp.80-97.

　　「貧困問題」をテーマとして取り上げ、世界の現状を知り、考え、発信する活動を通して、日本語力と学習スキルを養うことを目的とした「PEACE」プロジェクト（『日本語で PEACE P 巻』）を実践しました。ペアやグループでの話し合い、作文、分担読解、発表、ディスカッションなどを総合的に行いました。参加者は、日本の大学に留学している上級レベルの日本語学習者でした。コース開始時と終了時に、「貧困とは」というテーマで作文を書き、両者を比較しました。作文を分析する基準として、「読み手（配慮／おもしろさ）」「内容（メイン

アイディア・トピックセンテンス／サポートセンテンス）」「構成・結束性」「日本語（正確さ）」「日本語（適切さ）」という評価基準（トレイト）（田中・阿部 , 2014）を用いて、日本語教師 3 名が各 5 点で評価を行いました。その結果、すべての評価基準において、授業開始時よりも終了時のほうが高く評価されました。中でも、特に「内容」の評価が伸びていました。このようにライティングの質が総合的に向上したことは、ペアおよびグループによる分担読解、発表準備、ディスカッションにより、内容面、言語面、思考面の学習が進んだためと考えられました。

（引用文献：田中真理・阿部新（2014）『Good Writing へのパスポート』くろしお出版）

小林明子・奥野由紀子（2019）「内容言語統合型学習（CLIL）の実践と効果 ― 日本語教育への導入と課題 ―」『第二言語としての日本語の習得研究』第 22 号 , pp.29-43.

　先行研究のレビューを通して、CLIL の効果と教授・学習過程を検証した研究を概観し、日本語教育への導入の可能性を探りました。まず、CLIL 誕生の歴史的背景とその教育原理について説明し、次に CLIL が目標言語学習や内容理解に与える影響を調査した研究の結果についてまとめました。さらに、教師と学習者の対話など、CLIL の授業プロセスを調査した研究を考察しました。最後に、複リテラシー・アプローチ（学習者が持つ複数の言語資源、テクノロジー等のスキルを文脈に応じて活用するという考え方）の観点から CLIL に関する近年の研究をまとめました。これらの先行研究に基づいて、今後の日本語教育における研究、教育上の課題を指摘しました。1 点目に、CLIL 実践のフレームワークである 4C（内容、言語、思考、協学・異文化理解）をしっかりと押さえたうえで、各国・教育機関の教育制度、学習者の年齢、日本語レベルに合わせた導入形式を模索する必要があるということが言えます。2 点目に、CLIL が日本語能力の伸長に及ぼす効果については、未だ実証的な研究が少なく、データを蓄積していく必要があります。3 点目に、授業活動のどの要素が学習成果のどの側面に影響を与えるのか、教材、授業中の対話、教師からのフィードバック等を詳細に分析していくことで具体的な教育的示唆を得ることが重要です。4 点目に、内容理解と目標言語能力の伸長を同時に進めるため、学習者が持つ複数の言語資源を CLIL の授業においてどのように活用していくか、検討する必要があると言えます。

元田静・奥野由紀子（2020）「CLIL 授業における学習者の思考の深化過程 ― ディスカッションにみられるキーワードと視点からの考察 ―」『ヨーロッパ日本語教育』24（第 23 回ヨーロッパ日本語教育シンポジウム発表論文集）, pp.362-373.

　日本国内で実施された上級日本語クラスの授業を対象としています。「PEACE」プロジェクトの授業の中で、シエラレオネで国際協力活動をしている社会起業家にゲスト・スピーカーとして教室に来てもらい、後日その講演での話をもとに授業でディスカッションを行いました。このディスカッションにおいて、はじめは感想を述べ合うだけで進んでいた話し合いが、教師や TA の働きかけ、および数名の学習者の意見のやり取りから徐々に思考の深まりを見

せ始め、最後には全員が参加して意見を出し合い、クラス全体の議論に発展していく様子が観察されました。そこで、学習者の思考および議論が深まる過程を詳述し、考察しました。その結果、思考が深まったと判断された場面では、学習者は学習対象としている他国の問題を、学習者自身の国や現在住んでいる日本など複数の視点を通して考えていること、議論の中で出てきたキーワードを共有しながら自分たちの思考を深めていることがわかりました。次に、そのような議論の深まりを促進させた一つの要因として、教師が行った足場かけに着目し、その発話データを分析しました。その結果、教師の発話は「言い換え」「説明」「応答」「しかけ」の４つに分類でき、「言い換え」や「説明」によって議論の下地作りがなされたこと、意図的あるいは偶発的な「しかけ」を通じて議論が活性化されたことがわかりました。また、教師へのインタビューからは、教師がどのような心境、理由でこれらの足場かけを行っていたのかを明らかにすることができました。

【日本語 L1 話者を対象とした、初年次教育としての CLIL】

 奥野由紀子（2016）「日本語母語話者への CLIL (Content and Language Integrated Learning) の有効性の検討 ― 大学初年次教育履修生の変容に着目して ―」『日本語研究』36, pp.43-57.

　本実践は、留学生を対象とした日本語クラスで行ってきた CLIL の PEACE プロジェクトを、大学の初年次教育である「基礎ゼミ」において日本語 L1 学生を対象として２年間試みたものです。「基礎ゼミ」は大学の学士教育におけるアカデミックスキルを養成するためのゼミで、学部の枠を越え、一つのテーマに向き合い学生が協働して学ぶ初年次に必修の授業です。２年間で 48 名が履修し、実施者の観察、TA の観察記録や学生の提出物、履修者へのインタビューなどをもとに、履修生の変容に着目して報告しています。実践者が特に課題だと感じたのは４C の「言語」の中の「language for learning（学習のための言語）」でした。分担読解の発表後のグループ内でのディスカッションにおいて発言者が出ないこと、発表者も聞き手もレジュメばかりを見ていることが挙げられました。そこで、実践者がどのようなスキャフォールディングを行ったのかを具体的に報告しています。また、履修者のポートフォリオを見返し、この授業を通して感じた「自己変容」のレポートから、本実践によりどのような変容が見られたのか、CLIL の４つの概念から提示しています。その結果、履修生の授業外における行動様式や思考様式にも本実践がインパクトを与えていることがわかりました。また、協学による気づきや学びは、日本語 L1 話者のアカデミックスキルの向上だけではなく、異文化理解能力を高めることにもつながりました。異文化は同じ母語のクラス内にも存在しています。この実践から、PEACE プロジェクトを内容として据えた言語教育アプローチである CLIL は、日本語 L1 話者にも有効であることがわかりました。

その他にも、以下のような発表などを行いました。

奥野由紀子・小林明子・佐藤礼子・渡部倫子（2015）「学習過程を重視した CLIL（Content and Language Integrated Learning）の試み — 日本語教育と大学初年次教育における同一素材を用いた実践 —」パネルセッション『2015 年度日本語教育学会秋季大会予稿集』pp.25-36.

奥野由紀子・佐藤礼子（2018）「教材におけるスキャフォールディングと教師によるスキャフォールディング — CLIL による日本語教材開発に向けて —」日本 CLIL 教育学会(J-CLIL) 第 1 回大会 The 1st J-CLIL Annual Bilingual, 早稲田大学.

奥野由紀子・元田静・村田裕美子・森山新（2018）「平和な社会を実現するための日本語教育実践と教師の役割 — 日本・ドイツ・韓国の大学における異なる学習環境に応じたトピック選択 —」パネルセッション, 2018 年日本語教育国際研究大会, Ca' Foscari University of Venice (Italy).

奥野由紀子（2019）「CLIL 授業において学習者の思考はどのように深まるのか — トランスランゲージングからの考察 —」韓国日本語教育学会第 36 回冬季国際学術大会, 祥明大学校.

奥野由紀子・佐藤礼子・渡部倫子・阿部新（2019）「内容言語統合型学習（CLIL）に基づいた PEACE プログラムの構築 — 異なる日本語レベルとテーマによる実践 —」パネルセッション, EJHIB 2019 Social, linguistics and human mobility and integration, ブラジル・サンパウロ・ジャパンハウス.

奥野由紀子・呉佳穎（2020）「初中級における世界の食や環境をテーマにした CLIL 実践 — 言語・認知的負担に配慮したコースデザイン —」『人文学報』第 516-7 号, 首都大学東京都市教養学部人文・社会系首都大学東京人文科学研究科, pp.21-32.

奥野由紀子・神村初美・趙鑫・姫宇禾・陳永梅・エネザンバラ（2021）「内容言語統合型学習(CLIL)によるオンライン海外実習の試み」ポスター発表『2021 年度日本語教育学会春季大会』pp.196-201.

奥野由紀子・小林明子・佐藤礼子・元田静・渡部倫子（2021）「CLIL 教科書『日本語で PEACE』を使った実践例」第 1 回 J-CLIL Japanese 学習会, オンライン.

＊本書および上記の研究は JSPS 科研費　JP18K00691, JP19H01270, JP18K00711 の助成を受けました。

おわりに

　私たちは、日本語で世界の課題を学ぶというコンセプトで、平和な世界を願いつつ日々の日本語の授業を行ってきました。

　その授業から出発して、2018年に『日本語教師のためのCLIL（内容言語統合型学習）入門』を、それから3年経ってテキスト『日本語×世界の課題を学ぶ　日本語でPEACE［Poverty中上級］』と本書を送り出すことができました。この間も、世界では戦争が絶えることなく続き、それによって影響を受ける人たちは増え続けています。だからこそ、今、本書を世の中に送り出す意義を見つめなおし、何ができるかを考え続けたいと思っています。

　私たちはPEACEの「P: Poverty（貧困からの脱却）」をテーマに授業をしました。教育や環境など残された課題は多くあり、PEACEの旅はまだ始まったばかりです。CLILというアプローチを通して身近なことから社会や世界とつながることそれ自体が、どこかできっと平和につながるはずです。CLILを通してさまざまな課題に向き合い、当事者として考えることで、学習者も教師も何かできることがあることに気づけると信じています。

　本書では、CLILの考え方を身近に感じてもらえるように、授業を行うに際してのQ&A、学習者からのコメントや作文などの例を紹介しました。本書の執筆段階で助言をいただいた先生方に感謝いたします。そして、これまでに授業に参加してくれた学習者の皆さんのコメントや授業を通して成長する姿が、テキストや本書を執筆するうえでの大きな支えとなりました。

　本書を作成するにあたり、凡人社の渡辺唯広さんと大橋由希さんには、何から何までお世話になり、完成まで温かく見守っていただきました。心よりお礼申し上げます。

　最後に、この本を手に取ってくださった方々にも感謝いたします。今後、皆さまとPEACEやCLILの輪がつながってゆくことを願っています。

著者一同

［編著者］
奥野　由紀子（おくの　ゆきこ）　東京都立大学人文科学研究科　教授
［著　者］
小林　明子（こばやし　あきこ）　島根県立大学国際関係学部　准教授
佐藤　礼子（さとう　れいこ）　東京工業大学リベラルアーツ研究教育院　准教授
元田　静（もとだ　しずか）　東海大学国際教育センター留学生支援教育部門　教授
渡部　倫子（わたなべ　ともこ）　広島大学大学院人間社会科学研究科　教授

【『日本語で PEACE』のサポートページ】（2022年現在）

https://www.bonjinsha.com/wp/clil_p

「DLポートフォリオ」など
（ダウンロードファイル）

（凡人社ウェブサイト内特設ページ）

＊本書の印税の一部を国際平和を支援する非営利団体に寄付しています。

CLIL日本語教育シリーズ
Content and Language Integrated Learning

日本語でPEACE
CLIL実践ガイド

2022年3月25日　初版第1刷発行
2023年4月15日　初版第2刷発行

編　著　者　　奥野由紀子
著　　　者　　小林明子，佐藤礼子，元田静，渡部倫子
発　　　行　　株式会社 凡人社
　　　　　　　〒102-0093　東京都千代田区平河町 1-3-13
　　　　　　　電話 03-3263-3959
本文・カバーデザイン　コミュニケーションアーツ株式会社
印 刷・製 本　　倉敷印刷株式会社

ISBN 978-4-86746-002-3
©OKUNO Yukiko, KOBAYASHI Akiko, SATO Reiko, MOTODA Shizuka, WATANABE Tomoko
2022　Printed in Japan